Ralf Plück / Peter Kühn

LEITFADEN FÜR GESCHÄDIGTE KAPITALANLEGER

Klagen ohne Kostenfalle

1. Auflage

D1720107

karriereverlag

Impressum

1. Auflage November 2013

Die Informationen in diesem Buch sind mit größter Sorgfalt zusammen-
gestellt, dennoch sind Fehler nicht ausgeschlossen. Verlag und Autoren
übernehmen keinerlei Haftung für eventuell verbliebene Fehler und deren
Folgen.

Gestaltung, Satz und Produktion:

pilacom ug (haftungsbeschränkt) www.pilacom.de
Printed in Germany

Die Website zum Buch:
www.kapitalanlegerhilfe.de

ISBN 978-3-929429-08-4

Über die Autoren

Ralf Plück

ist seit 1993 Rechtsanwalt und seit 2008 zusätzlich Fachanwalt für Bank-
und Kapitalmarktrecht. Der Schwerpunkt seiner Tätigkeit liegt in der
Prozessführung und Durchsetzung von Schadenersatzansprüchen geschädigter Anleger und Investoren. Als Rechtsanwalt ist Ralf Plück für
seine Mandanten bundesweit vor allen Gerichten tätig.

Peter Kühn

ist Rechtsanwalt seit 1993 und ist 2012 zusätzlich zum Notar bestellt
worden. Seine Kernkompetenz bildet die Beratung und die Vertragsgestal-
tung. Rechtsanwalt und Notar Peter Kühn ist überwiegend im Immobilien-
recht tätig. Zu seinen Mandanten zählen Unternehmen und Privatpersonen
aus dem gesamten Bundesgebiet.

Ralf Plück und **Peter Kühn** sind Gründer und geschäftsführende Gesellschafter der Rechtsanwaltskanzlei DOERR & Partner, Danziger Straße 64,
65191 Wiesbaden. DOERR & Partner gehört wegen hoher Fachkompe-
tenz und Expertise im Wirtschaftsbereich nach dem Urteil von FOCUS zu
Deutschlands Top-Wirtschaftskanzleien.
Beide Autoren sind bereits durch zahlreiche gemeinsame Publikationen in
Erscheinung getreten.

www.doerrpartners.de

INHALTSVERZEICHNIS

Einleitung

Mit dem „Leitfaden für geschädigte Kapitalanleger – Klagen ohne Kostenfallen" werden Sie aktuell und verständlich über Ihre Rechte und Möglichkeiten als geschädigter Kapitalanleger informiert. Sie erfahren hier die wesentlichen Aspekte zu den Anspruchsgrundlagen und erhalten eine Übersicht über die Möglichkeiten zur effizienten Rechtsdurchsetzung.

Nach Schätzungen von Brancheninsidern und Informationsdiensten verlieren private Investoren allein in Deutschland jedes Jahr circa 20 Milliarden Euro durch Investitionen in dubiose und fehlgeschlagene Kapitalanlagen. Die Zahl notleidend gewordener Schiffs- und Immobilienfonds hat in den Jahren 2012 und 2013 ihren Höhepunkt erreicht. Hierbei haben viele hunderttausend Anleger sicher geglaubtes Geld für die persönliche Altersvorsorge und andere existentielle Anlageziele verloren.

Seit dem Beginn der Finanzkrise im September 2008, ausgehend von der Lehman-Pleite, waren aber nicht nur Produkte des sogenannten unregulierten Grauen Kapitalmarktes betroffen, sondern auch zahlreiche Produkte etablierter Banken und anderer regulierter Institute. So kam es z. B. nach der Aussetzung von Anteilsrücknahmen von offenen Immobilienfonds dazu, dass über Nacht viele Millionen Anleger nicht mehr in der Lage waren, Fondsanteile zurückzugeben, um so über die notwendige eigene Liquidität zu verfügen. Milliardenschwere offene Immobilienfonds sollen jetzt in den nächsten 5 Jahren abgewickelt und liquidiert werden. Von den einmal versprochenen Renditen, der Sicherheit von Immobilienanlagen und der jederzeitigen Verfügbarkeit der Geldanlagen ist nicht viel übrig geblieben.

Allerdings sind die geschädigten Kapitalanleger nicht rechtlos gestellt. Es gibt zahlreiche rechtliche Anknüpfungspunkte, die zu einer erfolgreichen Durchsetzung von Schadenersatzansprüchen führen. Angefangen bei der fehlerhaften, weil nicht anleger- und objektgerechten Anlageberatung durch Banken oder freie Anlageberater über die Prospekthaftung im engeren und weiteren Sinne bis hin zur Haftung von Emittenten für unzureichende Kapitalmarktinformationen und anderes.

Doch wer kann sich eine aufwendige und kostenintensive Prozessführung überhaupt noch leisten? Übernimmt die klassische Rechtsschutzversicherung die mitunter erheblichen Kosten für Prozesse gegen Banken oder Versicherungen wegen fehlgeschlagener Anlageprodukte? Oder greifen hier für den Laien überraschende Ausschlussklauseln? Sind diese Klauseln überhaupt wirksam? Welche Alternativen gibt es? Was können Verbraucherzentralen leisten? Ist es zur Kostenminimierung sinnvoll, sogenannten Anlegerschutzgemeinschaften beizutreten? Verfolgen Anlegerschutzgemeinschaften auch wirklich nur die ureigenen Interessen der geschädigten Kapitalanleger? Wann sind sogenannte Sammelklagen überhaupt zulässig? Was bieten Prozessfinanzierer und zu welchen Bedingungen kann man sich ihrer zur Durchsetzung von Schadenersatzansprüchen bedienen?

Der „Leitfaden für geschädigte Kapitalanleger – Klagen ohne Kostenfallen" soll einen Überblick für den interessierten Kapitalanleger darstellen. Ein solcher Leitfaden kann selbstverständlich nicht eine individuelle Rechtsberatung durch einen auf das Bank- und Kapitalmarktrecht spezialisierten Fachanwalt ersetzen.

Wiesbaden, im Juli 2013

Ralf Plück
Rechtsanwalt und Fachanwalt
für Bank- und Kapitalmarktrecht

Peter Kühn
Rechtsanwalt und Notar

A. WIE KANN ICH MEIN RECHT DURCHSETZEN? WER UNTERSTÜTZT MICH?

1. Rechtsschutzversicherung

Das klassische Instrument zur Finanzierung von Schadenersatzprozessen privater Kapitalanleger bildet die Rechtsschutzversicherung. Grundsätzlich ist es stets empfehlenswert, für Streitigkeiten eine Rechtsschutzversicherung zu haben. Diese kostet unterschiedlich nach Art und Umfang pro Jahr zwischen 80,00 und mehreren Hundert Euro. Wichtig ist, bei Vertragsabschluss genau darauf zu achten, welche Risiken man absichern möchte und welche Fälle die Versicherung übernimmt. Wird sie nicht gebraucht – was jedem zu wünschen ist – hat man den Betrag umsonst bezahlt. Ist ein Rechtsfall eingetreten, muss man prüfen, ob die Versicherung diesen übernimmt. Das geschieht durch eine Anfrage, in welcher der Sachverhalt mitgeteilt wird. Dies kann auch durch einen Rechtsanwalt erfolgen. Bei Zusage der Versicherung übernimmt diese normalerweise sämtliche mit dem Streitfall zusammenhängenden Kosten, sofern nicht eine Selbstbeteiligung vereinbart wurde.

1.1. Allgemeine Bedingungen für Rechtsschutzversicherungen

Zu beachten sind insbesondere Ausschlussklauseln, Selbstbeteiligungen und Wartezeiten. Vor Abschluss einer Rechtsschutzversicherung ist genau zu prüfen, auf welchen Rechtsgebieten überhaupt Versicherungsschutz bestehen muss. Ein Eigenheimbesitzer benötigt keinen Mietrechtsschutz. Weiter ist darauf zu achten, dass keine Doppelversicherung besteht. Bei zahlreichen Kfz-Versicherungen oder bei Automobilclubmitgliedschaften ist häufig schon der Bereich Verkehrsrecht abgedeckt.

1.2. Altverträge

Altverträge sollten von Zeit zu Zeit überprüft und ggf. an die aktuellen Bedürfnisse angepasst werden.

1.3. Neuverträge

Hierbei ist zu beachten, dass diese oftmals erst nach einer bestimmten Karenzzeit wirksam werden. Die meisten Versicherungsverträge sehen eine 3-monatige Wartezeit vor. Sollte in dieser Zeit ein Rechtsschutzfall entstehen, greift die Versicherung nicht.

1.4. Unzulässige Ausschlussklauseln

In zahlreichen Versicherungsbedingungen verwenden Rechtsschutzversicherungen Ausschlussklauseln, wie etwa die „Effektenklausel" und die „Prospekthaftungsklausel". Nach diesen Klauseln bieten die Rechtsschutzversicherungen ihren Versicherten für die Wahrnehmung rechtlicher Interessen in ursächlichem Zusammenhang mit der Anschaffung oder Veräußerung von Effekten *(z. B. Anleihen, Aktien, Investmentanteilen)* sowie der Beteiligung an Kapitalanlagemodellen, auf welche die Grundsätze der Prospekthaftung anwendbar sind *(z. B. Abschreibungsgesellschaften, Immobilienfonds, Medienfonds, Schiffsfonds)*, keinen Rechtsschutz.

Auf der Grundlage dieser Klauseln ist zahlreichen von der sogenannten Lehman-Pleite Geschädigten, die z. B. Zertifikate erworben haben, Deckungsschutz für gerichtliche Auseinandersetzungen auf Schadenersatz versagt worden.

Das hat die Verbraucherzentrale Nordrhein-Westfalen auf den Plan gerufen, die mehrere Verfahren nach dem Gesetz über Unterlassungsklagen bei Verbraucherrechts- und anderen

Verstößen (UKlaG) gegen verschiedene Versicherungsgesellschaften eingereicht hat. Mit den Klagen wurden die Versicherungen aufgefordert, die entsprechenden Klauseln nicht weiterzuverwenden, da sie wegen der Verletzung des sogenannten Transparenzgebotes gegen § 307 Abs. 1 Satz 2 BGB verstoßen. Hiernach sind Bestimmungen in Allgemeinen Geschäftsbedingungen unwirksam, wenn sie den Vertragspartner des Verwenders entgegen den Geboten von Treu und Glauben unangemessen benachteiligen. Eine unangemessene Benachteiligung kann sich auch daraus ergeben, dass eine Bestimmung nicht klar und verständlich ist (§ 307 Abs. 1 BGB).

Eine abschließende Entscheidung des Bundesgerichtshofs (BGH) als dem höchsten deutschen Zivilgericht zu diesen Fragen liegt seit dem 08.05.2013 vor. Der für das Versicherungsrecht zuständige IV. Zivilsenat hat verbindlich entschieden, dass die entsprechenden Ausschlüsse unwirksam sind (BGH, Urteil vom 08.05.2013 – IV ZR 84/12). Zur Begründung hat der BGH im Wesentlichen angegeben, dass der Kunde kaum verstehen kann, was genau im Zusammenhang mit dem Kauf und Verkauf von Aktien oder Fonds überhaupt versichert ist und was nicht.

Für rechtsschutzversicherte Anleger ist diese Rechtsprechung sehr günstig. Versicherungen können sich in Zukunft nicht mehr auf diese unklaren Klauseln berufen. Soweit Rechtsschutzversicherungen in der Vergangenheit basierend auf diesen Ausschlussklauseln Deckungsschutz versagt haben, können Anleger die aus eigenen Mitteln verauslagten Rechtsanwalts- und Prozesskosten von ihrer Versicherung erstattet verlangen.

Die Rechtsprechung der Oberlandesgerichte zu den angesprochenen Punkten war bisher uneinheitlich. Teilweise wurden die Klauseln für unwirksam gehalten, teilweise wurden sie von den Gerichten akzeptiert.

Praxisfall:

*„Eine rechtsschutzversicherte Anlegerin begehrt Rechts-
schutz, weil sie sich bei dem Erwerb von Wertpapieren
durch die beratende Bank falsch beraten fühlt. Sie möchte die Bank wegen fehlerhafter Anlageberatung auf Schadenersatz verklagen. Der Rechtsschutzversicherer wendet
unter Bezug auf seine Allgemeinen Rechtsschutzbedingun-
gen (ARB) ein, dass ein Ausschluss für die Wahrnehmung
von Rechtsangelegenheiten in ursächlichem Zusammenhang mit Spiel- und Wettverträgen sowie Termin- oder ver-
gleichbaren Spekulationsgeschäften besteht und verweigert
den Deckungsschutz für die beabsichtigte Klage."*

Ob ein Anspruch auf Deckungsschutz besteht, richtet sich danach, ob der Erwerb der Kapitalanlage ein Termin- oder ver-
gleichbares Spekulationsgeschäft darstellt. Das ist häufig nicht
der Fall. Nach der Rechtsprechung des BGH sind Börsenter-
mingeschäfte standardisierte Verträge, die von beiden Seiten
erst zu einem späteren Zeitpunkt, dem Ende der Laufzeit, zu
erfüllen sind und einen Bezug zum Terminmarkt haben *(BGH,
Urteil vom 12.03.2002 – XI ZR 258/01)*. Typischerweise sind mit
Börsentermingeschäften die Risiken der Hebelwirkung und
des Totalverlustes des angelegten Kapitals sowie die Gefahr,
planwidrig zusätzliche Mittel einsetzen zu müssen, verbunden
(BGH, a. a. O.). Termingeschäften vergleichbare Spekulationsgeschäfte sind Lieferverträge auf Terminbasis, die lediglich
zum Zweck der Spekulation geschlossen werden, um aus den
Schwankungen der Kurse oder Marktpreise Gewinn zu erzie-
len. Die Spekulation allein reicht also nicht aus.

Deshalb werden Aktiengeschäfte trotz der Möglichkeit des Totalverlustes nicht als vergleichsweise Spekulationsgeschäfte
angesehen, da nicht lediglich aus den Schwankungen der Bör-

senkurse oder Marktpreise ohne Güterumsatz Gewinn erzielt wird *(OLG Karlsruhe, NJW-RR 2004, 325; OLG Köln, VersR 2007, 352)*. Gleiches gilt z. B. für Aktienanleihen. Die Versagung der Deckungszusage erfolgt in diesen Fällen zu Unrecht.

1.5. Fazit

Eine Rechtsschutzversicherung ist grundsätzlich ein guter vorsorglicher Risikoschutz. Ob die Gesellschaft im Streitfall tatsächlich eintritt und die Kosten übernimmt, ist von den vereinbarten Detailbestimmungen – manchmal auch von der Kulanz – abhängig.

Zu beachten ist, dass die Versicherung nach jeder durchgeführten Leistung gesetzlich das Recht hat, den Versicherungsvertrag zu kündigen. Dies kann jeden treffen, insbesondere wenn man mehrfach gezwungen ist, zu klagen oder selbst verklagt wird.

Sollte Ihre Rechtsschutzversicherung Deckungsschutz unter Bezugnahme auf ihre Allgemeinen Geschäftsbedingungen versagen, lassen Sie prüfen, ob die herangezogene Klausel wirksam ist oder nicht.

Praxistipps:

- *Sollte die Rechtsschutzversicherung den Deckungsschutz ablehnen, lassen Sie genau prüfen, ob eine sogenannte Ausschlussklausel besteht und ob diese wirksam ist.*

- *Zur Vermeidung von Nachteilen sollten Sie Ihren Rechtsanwalt bereits mit der Einholung der Deckungszusage bei dem Versicherer beauftragen. Stellen Sie aber vorher sicher, dass dieser hierfür keine gesonderten Gebühren in Rechnung stellt.*

2. Verbraucherzentralen

Im staatlichen Auftrag und finanziert aus Steuermitteln sind Verbraucherzentralen gemeinnützige Vereine, die Lobbyarbeit zum Schutz von deutschen Verbraucherinnen und Verbrauchern betreiben. Ihre Aufgabe umfasst sowohl Information und Aufklärung der Öffentlichkeit hinsichtlich des privaten Konsums als auch rechtliche Beratung und Beistand in Einzelfällen gegen Entgelt. Als einzige Organisation in Deutschland haben sie gemäß § 3 Nr. 8 Rechtsberatungsgesetz das Recht zur außergerichtlichen Rechtsbesorgung. Sie können also neben Rechtsanwälten Verbraucher gegen Entgelt außergerichtlich beraten und als Beistand vertreten.

Als Dachorganisation fungiert der Verbraucherzentrale Bundesverband e. V. *(vzbv)*, unter dem aktuell 41 Verbraucherverbände zusammengefasst sind *(16 Verbraucherzentralen, 25 verbraucherpolitisch ausgerichtete Verbände und 8 Fördermitglieder)*.

Als Fördermitglieder fungieren:

- Bundesverband für Wohnen und Stadtentwicklung *(vhw)*

- Deutscher Gewerkschaftsbund DGB

- Zentrum für europäischen Verbraucherschutz e. V.

- Eurotoques-Stiftung

- Germanwatch

- RAL – Deutsches Institut für Gütesicherung und Kennzeichnung

- Slow Food

- Stiftung Warentest

- Transparency Deutschland *(TI-D)*

Der Verbraucherzentrale Bundesverband e. V. *(vzbv)* vertritt die Interessen der Verbraucher gegenüber Politik, Wirtschaft und Gesellschaft auf Bundesebene. Beim vzbv in Berlin sind rund 100 Mitarbeiter mit den jeweils aktuellen Themen der Verbraucherpolitik beschäftigt. Einschließlich der 200 Beratungsstellen in den Verbraucherzentralen der Länder arbeiten in Deutschland rund 1.000 Mitarbeiterinnen und Mitarbeiter im Dienste dieser Verbraucherschutzorganisation.

Obgleich vom Staat alimentiert *(indirekt von den Steuerzahlern)*, ist der vzbv in der Lage, in Unrechts-, Schadens- oder Zweifelsfällen ggf. auch gegen staatliche Gesetze und Behörden zum Schutz der Bürger zu intervenieren.

2.1. Angebot

Die Verbraucherzentralen in den 16 Bundesländern vertreten die Interessen der Verbraucher auf Landesebene. Sie bieten Beratung und Information zu Fragen des Verbraucherschutzes und helfen bei Rechtsproblemen. Ansprechpartner ist die jeweils für das Bundesland zuständige Zentrale. Insgesamt werden jährlich rund vier Millionen Anfragen bearbeitet. Zwischen den einzelnen Verbraucherzentralen besteht ein reger Austausch, sodass es dabei einheitliche Beratungsstandpunkte gibt.

Die Verbraucherzentralen beraten u. a. zu Themen wie Kaufrecht, Werkvertragsrecht *(Handwerkerleistungen)*, Dienstvertragsrecht, Kreditrecht, Schuldnerberatung und privaten Insolvenzverfahren sowie deren Prävention, Banken und Geldanlage, Grauem Kapitalmarkt, Versicherungen, Patientenrecht, Pflegeberatung, Wohnberatung, Gesundheitsdienstleistungen, Reiserecht, privater Altersvorsorge, Baufinanzierung, Energie, liberalisiertem Energiemarkt, Umwelt, Ernährung, Haushalt, Freizeit oder Telekommunikation. Dabei versuchen sie auch, Einfluss auf die Gesetzgebung zu nehmen. Insbesondere setzen sie sich gegen fragwürdige Vertragsbedingungen und Geschäftspraktiken ein oder bei Verbraucherbeschwerden wegen Übervorteilung oder Nichteinhaltung zugesagter Leistungen.

Die Verbraucherzentralen helfen gegen Entgelt auch bei individuellen Rechtsproblemen. Dabei vertreten sie die Interessen jedes Verbrauchers sowohl im Einzelnen als auch in Verbands- oder Sammelklagen. Dazu können sie sich ggf. individuelle Ansprüche von Verbrauchern abtreten lassen, um diese vom Anbieter einzufordern und ggf. auch einzuklagen. Sie können auch Ansprüche einzelner Verbraucher bündeln und diese im Interesse des Verbraucherschutzes bis hin zum Bundesgerichtshof geltend machen.

Kernaufgaben sind:

- Verfolgung von Rechtsverstößen durch Abmahnung und Klagen;

- Vertretung der Verbraucherinteressen auf politisch-parlamentarischer Ebene;

- Information der Medien und Öffentlichkeit über wichtige Verbraucherthemen;

- Verschaffung eines Überblicks bei Produkten und Dienstleistungen;

- Durchführung von Aktionen, Projekten und Ausstellungen zu interessanten Verbraucherthemen.

Die Beratung erfolgt unabhängig und individuell. Die Kosten für eine individuelle Rechtsberatung durch die Verbraucherzentralen variieren zwischen telefonischer und persönlicher Beratung. Sie betragen aktuell nach eigenen Angaben zwischen

€ 80,00 und € 100,00 pro Stunde zuzüglich 19 Prozent Mehrwertsteuer. Damit liegen sie allerdings bei Angelegenheiten, bei denen es um relativ geringe Beträge geht *(bis ca. € 300,00)*, oftmals über den Gebühren von Rechtsanwälten.

2.2. Vor- und Nachteile

Zu den Vorteilen gehört, dass man sich relativ einfach und ohne lange Wartezeiten bei den Verbraucherzentralen informieren kann. Zu den angebotenen Sprechzeiten kann man ggf. ohne vorherige Anmeldung Auskunft über grundsätzliche Möglichkeiten zur Schadensminderung oder Schadensverhütung erhalten.

Die Verbraucherzentralen leisten zunächst einmal Hilfe zur Selbsthilfe. Sie greifen erst dann rechtsbesorgend und rechtsverfolgend ein, wenn der oder die Einzelne sich allein nicht durchsetzen kann.

In Angelegenheiten, die individuell beispielsweise Anleger von in Schieflage geratene Fondsprojekte oder vergleichbare Kapitalmarktangebote betreffen, kann die Erfahrung eines versierten Fachanwalts für Bank- und Kapitalmarktrecht und dessen Wissen zu den ursächlichen Zusammenhängen nützlich und schneller Erfolg versprechend sein.

2.3. Fazit

Bei Streitsachen mit einer sozialen Komponente – also wenn auch viele andere bzw. die Allgemeinheit davon betroffen sein könnten – haben die Verbraucherzentralen den Vorteil, durch lobbyistische Stärke und Einflussnahme mehr bewirken zu können als ein einzelner Rechtsanwalt. Sie können zudem über die Medien *(Presseorgane, TV-Berichte etc.)* auf Missstände hinweisen und andere Verbraucher insoweit warnen. Dies trifft insbesondere zu bei unfairem Verhalten von Anbietern oder Behörden, willkürlicher Ausnutzung von Gesetzeslücken oder Missbrauch von Marktmacht. Unabhängig von den Kosten für die Rechtsberatung und Rechtshilfe ist die Schutzwirkung durch die Verbraucherzentralen in solchen Fällen deutlich höher einzustufen.

3. Anlegerschutzgemeinschaften

Spontane Aktionsgemeinschaften sind grundsätzlich nur dann empfehlenswert, wenn diese von selbst betroffenen, integeren Personen initiiert und geführt werden. Das ist leider nur selten der Fall. In den meisten Fällen sind solche „Gemeinschaften" eher als ausgelagerte Werbeabteilung von sogenannten „Anlegerschutzanwälten" mit einem rein kommerziellen Hintergrund zu sehen.

3.1. Erscheinungsformen

Das Interesse für die Bildung einer Anlegerschutzgemeinschaft geht meistens von einer Rechtsanwaltskanzlei aus, die sich angeblich dem Anlegerschutz verschrieben hat. Man beschafft sich *(manchmal sogar aus unlauteren Quellen)* die Anschriften der Anleger. Diese werden von der „Aktionsgemeinschaft" zum Beitritt mit dem Angebot aufgefordert, für eine relativ geringe Gebühr *(meist zwischen € 50,00 und € 80,00 und mit der Beitrittsgebühr abgegolten)* eine rechtliche Prüfung der Schadenersatzansprüche durch fachkundige Rechtsanwälte vornehmen zu lassen.

Wer sich darauf einlässt, dessen Anschrift wird sofort *(z. T. gegen Entgelt)* an die Anwaltskanzlei weitergeleitet. Der Anleger erhält dann in der Regel von dieser Kanzlei ein Auftragsformular für die Prüfung. Oftmals ist darin auch schon eine Prozessvollmacht mit enthalten. Beigefügt ist jeweils ein Fragebogen mit einer Anzahl von Standardfragen. Eine davon ist die Angabe, ob eine Rechtsschutzversicherung besteht. Die übrigen Fragen bestehen u. a. darin, welches Ziel der Anleger mit seiner Kapitalanlage verfolgte, ob er mit der Thematik einer solchen Anlage vertraut war und die damit verbundenen Risiken kannte, wer ihm die Anlage vermittelt hat und ob er sich durch die Entwicklung getäuscht fühlt.

Aufgrund dieses Fragebogens entwirft der „Anlegerschutzanwalt" dann einen *(meist standardisierten)* Schriftsatz. Da die Prospektverjährungsfrist im engeren Sinn gegen den Initiator meistens bereits abgelaufen ist, erhält üblicherweise zunächst der Vermittler ein Schreiben, in dem ihm vorgeworfen wird, durch schuldhafte Falschberatung für den eingetretenen Schaden des Anlegers haftbar zu sein. Er wird aufgefordert, bis zu einer gesetzten Frist sich verbindlich zum Ausgleich des Schadens zu verpflichten, häufig auch, den vom Anleger aufgewendeten Gesamtbetrag auf das Anwaltskonto zu überweisen. Im Weigerungsfall wird die unverzügliche Durchführung eines Klageverfahrens angekündigt – und oftmals auch eingeleitet.

Es hat durchaus Fälle gegeben, wo ein Vermittler oder Berater sich vorsätzlich schuldhaft verhalten hat. Doch in der großen Mehrheit haben die Vermittler – egal ob als Berater oder als Verkäufer mit Handelsvertreterstatus – nach bestem Wissen und Gewissen gehandelt. Wenn nun unisono in den Klageschriften vorgetragen wird, dass ein in Anlagedingen unerfahrener, auf hohe Sicherheit bedachter Kläger mit unzulänglichen Prospekten in Anlagen mit einem hohen Risikopotenzial hineingelockt wurde, entspricht das zwar den Angaben in dem standardisierten Fragebogen, jedoch meistens nicht der Wahrheit. Auch waren in vielen Fällen *(insbesondere z. B. bei Schiffsbeteiligungen und Medienfonds)* steuerliche Vorteile das ausschlaggebende Motiv für die Kapitalanlage.

Dokumentiert ist der Fall eines Anlegers, der auf der Informationsveranstaltung einer „Aktionsgemeinschaft" die angebotene rechtliche Überprüfung seiner Schadenersatzansprüche in Auftrag gab, aber keineswegs eine Klage beabsichtigte. Er erhielt bald darauf von einer Esslinger Anwaltskanzlei einen weitgehend standardisierten Klageentwurf mit einer Gebührenrechnung in Höhe von einer 1,3 Gebühr aus einem Streitwert von € 100.000,00, was einen Rechnungsbetrag von € 1.760,20 zzgl. gesetzlicher Mehrwertsteuer ausmacht.

Ein „Anlegerschutzanwalt" aus Norddeutschland schickte im Fall eines Filmfonds mit atypisch stillen Gesellschaftern einen unverdächtig scheinenden Diplom-Ingenieur zur Mandantenwerbung vor. Dieser bat brieflich um Mithilfe für einen Anleger zur Durchführung einer „Sammelklage". Er gab dabei an, die Anschrift aus dem Handelsregister entnommen zu haben, wo sie Mitanlegern zugänglich sei. Da atypisch stille Gesellschafter ebenso wie auch Aktionäre grundsätzlich nicht in das Handelsregister eingetragen werden, kann die Adressenliste nur auf unerlaubte Weise erworben worden sein. Wer auf den Brief antwortete, erhielt keine Antwort vom Absender, sondern unmittelbar einen anwaltlichen Fragebogen mit der Aufforderung, einer Sammelklage beizutreten. Dies sogar, wenn er mitgeteilt hatte, bereits einen Anwalt konsultiert zu haben.

Während anfänglich die Gerichte dem Vorbringen dieser „Anlegerschutzanwälte" schon bei kleinsten Formfehlern des Vermittlers überwiegend gefolgt sind, zeigt sich inzwischen ein Wandel in der Rechtsprechung. Abgesehen davon, dass das rigorose Vorgehen dieser Anwälte oftmals den Tatbestand der versuchten Nötigung erfüllt, ist es auch nur in seltenen Fällen wirtschaftlich von Erfolg gekrönt. Dem Vermittler bleibt, wenn der Kläger obsiegt, in den meisten Fällen nur die Einleitung eines Insolvenzverfahrens. Peinlich für den Kläger wird es, wenn sich vor Gericht herausstellt, dass der Beitritt anders als vorgetragen verlief und die Klage aus diesem Grund abgewiesen wird.

3.2. Bedingungen

Die Bedingungen solcher Anlegerschutzgemeinschaften oder sogenannter Interessengemeinschaften oder Vereine mit dem Wort Anlegerschutz im Namen sind völlig unterschiedlich. Zum Teil sind die angekündigten Maßnahmen zunächst einmal kostenfrei. Andere Interessengemeinschaften verlangen von vornherein eine einmalige pauschale Gebühr in Höhe von bis zu € 450,00 und mehr und eine an dem Streitwert orientierte Pauschale für Schlichtungsverfahren, deren wirtschaftlicher Erfolg mehr als zweifelhaft ist. Andere fordern monatliche oder jährliche Beiträge. Die dann eingeschalteten Anwälte rechnen in der Regel ihre Honorare zusätzlich nach dem Rechtsanwaltsvergütungsgesetz *(RVG)* ab, hierbei ist die Höhe des Honorars abhängig von dem jeweiligen Gegenstandswert. Verwiesen wird insoweit auf die Kosten in Ziffer 3.1.

3.3. Warnungen der Verbraucherzentralen

Zu Recht warnen deshalb Verbraucherzentralen immer wieder vor selbst ernannten Anlegerschutzgemeinschaften, die Anlegern umfangreiche Aktivitäten auch dann noch anbieten, wenn sich das betroffene Unternehmen bereits schon in einer ausweglosen Lage befindet. Das Unternehmen ist insolvent, der Insolvenzverwalter hat festgestellt, dass von dem ursprünglichen Vermögen nur noch Reste vorhanden sind. Damit stellt sich die Frage, wo diese Interessengemeinschaften und die hinter ihnen stehenden Anwälte Geld für die betroffenen Anleger herholen wollen.

3.4. Fazit

Bei dieser Art des „Anlegerschutzes" besteht Anlass zu der Frage: „Wer schützt die Anleger, die Vermittler und die Rechtsschutzversicherungen vor den Aktivitäten dieser selbst ernannten ‚Anlegerschutzanwälte' und der von ihnen initiierten Aktionsgemeinschaften?"

Abgesehen von der ethisch äußerst fragwürdigen Art des Vorgehens ist eine derartige unseriöse Mandantenwerbung auch sittenwidrig und mit dem Ehrenkodex der deutschen Rechtspflege unvereinbar.

In den meisten Fällen werfen die Anleger dabei einem bereits erlittenen Verlust noch „gutes Geld" hinterher.

Praxistipps:

- *Seien Sie gegenüber selbst ernannten „Anlegerschützern" stets kritisch.*

- *Unterzeichnen Sie keine Vollmachten und geben Sie keine persönlichen Angaben und auch nicht die Daten Ihrer Rechtsschutzversicherung weiter.*

- *Jeder einzelne Sachverhalt, der zu einem Schaden geführt hat, ist anders. Für eine erfolgreiche Durchsetzung der Schadenersatzansprüche kommt es deshalb immer auf eine individuelle Bearbeitung an. Hiervon ausgenommen sind allenfalls Prospekthaftungsansprüche z. B. wegen fehlerhafter Angaben in einem Verkaufsprospekt.*

4. Ombudsmann

Der Ombudsmann erfüllt die Aufgabe eines neutralen Dritten. Er soll Streitigkeiten außergerichtlich schlichten. Im Bereich Banken und Finanzen gibt es u. a.

- den Ombudsmann der privaten Banken,

- den Ombudsmann der öffentlichen Banken,

- den Ombudsmann der genossenschaftlichen Bankengruppe,

- den Ombudsmann beim Sparkassen- und Giroverband,

- die Ombudsfrau Geschlossene Fonds,

- den Ombudsmann Kreditankauf & Services,

- die Ombudsstelle für Investmentfonds.

4.1. Ombudsmann der privaten Banken

Der Ombudsmann der privaten Banken existiert bereits seit 1992. Nach den Angaben des Bundesverbandes deutscher Banken soll der Ombudsmann ein unabhängiger Schlichter sein, der eine „Brücke zwischen Kunden und Banken schlagen" soll. Laut dem Tätigkeitsbericht des Ombudsmannes der privaten Banken für das Jahr 2010 sollen durch den Ombudsmann Meinungsverschiedenheiten unbürokratisch, effektiv und außergerichtlich beigelegt werden. Langwierige und teure Prozesse sollen vermieden werden.

Die Bestellung des Ombudsmannes der privaten Banken gilt für die Dauer von drei Jahren. Sie erfolgt auf Vorschlag der Geschäftsführung des Bundesverbandes deutscher Banken unter vorheriger Beteiligung der Verbraucherzentralen. Der Ombudsmann muss unabhängig und weisungsungebunden sein. In den letzten drei Jahren vor seiner Bestellung darf der

Ombudsmann keine Tätigkeiten für den Bankenverband oder für ein Kreditinstitut ausgeführt haben.

Insbesondere Verbraucher können sich mit Beschwerden an den Ombudsmann der privaten Banken richten. Eine Beschwerde ist nach der Verfahrensordnung des Bankenverbandes ausgeschlossen, wenn

- der Gegenstand der Beschwerde bereits vor einem Gericht anhängig ist, anhängig war oder durch den Beschwerdeführer während des Schlichtungsverfahrens anhängig gemacht wird *(Nr. 2 (2) Satz 1 a) VerfO)*,

- die Streitigkeit durch außergerichtlichen Vergleich beigelegt worden ist,

- der Antrag auf Prozesskostenhilfe abgewiesen worden ist, weil die beabsichtigte Rechtsverfolgung keine Aussicht auf Erfolg bietet,

- die Angelegenheit bereits Gegenstand eines Schlichtungsverfahrens nach § 14 UKlaG oder einer anderen Gütestelle, die Streitbeilegungen betreibt, ist oder war oder wenn

- der Anspruch bei Anrufung des Ombudsmannes bereits verjährt war und die Bank sich auf die Verjährung beruft.

Nach Nr. 4 *(4)* Satz 4 VerfO erlässt der Ombudsmann seinen Schlichtungsspruch „auf der Grundlage der gesetzlichen Bestimmungen unter Berücksichtigung von Billigkeitserwägungen". Für die Bank ist der Schlichtungsspruch verbindlich, wenn der streitige Betrag € 5.000,00 nicht übersteigt. Übersteigt der streitige Betrag die Grenze von € 5.000,00, entfaltet der Schlichtungsspruch auch für die Bank keine Bindungswirkung. Das Verfahren selbst ist für den Kunden kostenlos.

4.2. Ombudsmann öffentlicher und genossenschaftlicher Banken

Für die Streitschlichtung bei öffentlichen Banken ist die Kundenbeschwerdestelle im Bundesverband Öffentlicher Banken Deutschlands in Berlin zuständig.

Die Volks- und Raiffeisenbanken halten in Berlin eine eigene Kundenbeschwerdestelle im Bundesverband der Deutschen Volksbanken und Raiffeisenbanken *(BVR)* bereit. Außerdem unterhalten die Regionalverbände der Sparkassen im Deutschen Sparkassen- und Giroverband einen Ombudsmann.

4.3. Fazit

Bei Streitigkeiten bis zum Betrag von € 5.000,00 stellt die Durchführung eines Schlichtungsverfahrens bei dem Ombudsmann der privaten, öffentlichen und genossenschaftlichen Banken durchaus eine Alternative zu einer gerichtlichen Auseinandersetzung dar. Das Verfahren ist kostenlos, der Schlichtungsspruch erfolgt auf der Grundlage der gesetzlichen Bestimmungen unter Berücksichtigung von Billigkeitserwägungen, das heißt er ergeht nach „Recht und Gesetz". Bis zu einem Betrag von € 5.000,00 ist der Schlichtungsspruch überdies für die Bank bindend. Eine Auseinandersetzung bei dem bis zu dem Betrag von € 5.000,00 zuständigen Amtsgericht würde demgegenüber Gerichtskosten in Höhe von € 363,00 und eigene Anwaltskosten in Höhe von € 919,28 inklusive Mehrwertsteuer verursachen. Im Obsiegensfalle hat die Bank diese Kosten zwar zu erstatten, allerdings gilt umgekehrt, dass der Kunde im Falle eines verlorenen Prozesses auch die gegnerischen Kosten zu tragen hat.

Bei einem Streitwert von € 5.000,00 beträgt das Kostenrisiko in erster Instanz insgesamt € 2.201,56. Wird durch zwei Instanzen gestritten, beläuft sich das maximale Kostenrisiko bei einem Streitwert von € 5.000,00 auf insgesamt € 4.739,02. Bei erfolgloser Prozessführung kann sich der Schaden also schnell verdoppeln.

Praxistipps:

- *Die Einleitung eines Verfahrens beim Ombudsmann ist stets zu empfehlen, wenn keine Rechtsschutzversicherung existiert und der Schaden bis € 5.000,00 beträgt.*

- *Der Schlichtungsspruch des Ombudsmannes ist für die Bank bis zu einem Streitwert von € 5.000,00 bindend, für den Kunden nicht. Der Kunde kann, wenn die Entscheidung des Ombudsmannes nicht in seinem Interesse ausgefallen ist, danach die staatlichen Gerichte anrufen.*

- *Auch im Verfahren bei dem Ombudsmann können Sie sich durch einen Fachanwalt für Bank- und Kapitalmarktrecht vertreten lassen.*

5. Gütestellen

5.1. Angebot

Zunächst für Bagatellstreitigkeiten gedacht, wurden staatlich anerkannte Gütestellen eingerichtet. Weil die Kosten bei den staatlich anerkannten Gütestellen in der Regel unabhängig vom Streitwert sind, eignen sie sich grundsätzlich auch für größere Streitwerte. In der überwiegenden Zahl der Fälle sind die Gütestellen mit Personen besetzt, die die Befähigung zum Richteramt haben. Daneben gibt es aber auch Gütestellen, die mit Sachverständigen besetzt sind. Das Güteverfahren wird auf Antrag mindestens einer Partei eingeleitet. Mit Eingang des Güteantrages bei der Gütestelle tritt die Hemmung der Verjährung des Anspruchs ein (§ 204 Abs. 1 Nr. 4 BGB). Das Verfahren endet mit der gütigen Einigung oder dem endgültigen Scheitern des Güteversuchs (BGH 123, 337). Lehnt der Vorsitzende nach Verhandlungen über einen Vergleich den Antrag auf Anberaumung eines weiteren Termins ab, ist der Zugang des Ablehnungsschreibens beim Gläubiger entscheidend (BGH, NJW 2002, 1488).

Einigen sich die Parteien in einem Vergleich, kann der Vergleich wie ein gerichtliches Urteil für vollstreckbar erklärt werden (§ 794 Abs. 1 Nr. 1 ZPO).

In der Praxis werden Anträge bei den Gütestellen häufig zum Ende des Jahres zum Zwecke der Verjährungshemmung gestellt. Diese Anträge stellen ein probates und kostengünstiges Mittel dar, wenn die Zeit für eine umfangreiche und wohlbegründete Klageschrift fehlt. Wird ein Antrag aber nur gestellt, um eine Verjährungshemmung zu erreichen und wird der Antrag alsbald zurückgenommen, kann dies zum Nachteil des Antragstellers aber als Verletzung von Treu und Glauben (§ 242 BGB) gewertet werden. Erfahrungsgemäß ist es so, dass sich große Banken, Kapitalanlagegesellschaften, Versicherungen

u. a. in der Regel gegen die Durchführung eines Güteverfahrens aussprechen. Durch die Verjährungshemmung profitiert der Anleger, der die gewonnene Zeit nutzen kann, um sich ausreichend über die weitere Vorgehensweise beraten zu lassen.

5.2. Fazit

Das Güteverfahren ist eine kostengünstige Alternative, die Verjährung zivilrechtlicher Ansprüche zu vermeiden. Es kann vor der Einleitung kostenintensiver gerichtlicher Maßnahmen gut dazu genutzt werden, auszuloten, ob mit dem Gegner eine außergerichtliche Einigung herbeigeführt werden kann. Im Einigungsfalle kann aus dem Vergleich wie aus einem gerichtlichen Urteil vollstreckt werden.

6. Prozessfinanzierung

Bei höheren Streitwerten und wenn der Weg durch mehrere Gerichtsinstanzen bis zum rechtskräftigen Endurteil zu erwarten ist, besteht für den Kläger ein hohes Kostenrisiko. Sofern dieses nicht vollumfänglich von einer Rechtsschutzversicherung übernommen wird, kann es ratsam sein, das Angebot einer Prozessfinanzierung auf Erfolgsteilungsbasis in Erwägung zu ziehen.

Die Prozessfinanzierung ist eine juristische Finanzdienstleistung. Diese aus den USA übernommene Art der Streitfinanzierung wird seit 1998 auch in Deutschland von zahlreichen professionellen Prozessfinanzierern, unter anderem von Tochtergesellschaften der Allianz Versicherung, der D.A.S. Rechtsschutzversicherung und der Roland Rechtsschutz-Versicherung angeboten. Als erstes deutsches Unternehmen ging die FORIS AG an den Markt. Einige wenige Anbieter sind auf Schadensfälle aus dem Bank- und Kapitalmarktrecht spezialisiert.

Die großen Prozessfinanzierer übernehmen Schadensfälle in der Regel erst ab einem Streitwert von ca. € 50.000,00, manche erst ab einem Streitwert von € 200.000,00. Im Erfolgsfall erhalten Prozessfinanzierer einen Teil des erzielten Erlöses. Die Höhe der Beteiligungsquote ist mit dem jeweiligen Prozessfinanzierer grundsätzlich frei verhandelbar, beträgt aber mindestens 10 Prozent des Erlöses.

Vorteile der Prozessfinanzierung im Allgemeinen

Der Prozessfinanzierer übernimmt die notwendigen Kosten der Prozessführung, das sind die Gerichtskosten, die Kosten des eigenen Anwalts und im Unterliegensfall auch die Kosten des gegnerischen Anwalts. Hinzu kommen die Kosten für Zeugen und die Kosten für die oftmals notwendigen Sachverständigen.

Die Prozessfinanzierung sorgt somit für die Realisierung erfolgversprechender Prozesse, für die eigene finanzielle Mittel nicht vorhanden sind und ermöglicht auf diese Weise die effektive Wahrung eigener wirtschaftlicher Interessen. Der private Kunde schont hierbei seine Liquidität. Der Vorteil für Unternehmenskunden besteht darin, dass sie keine Rückstellungen für Rechtsstreitigkeiten in der Bilanz ausweisen müssen.

Vorteile spezialisierter Prozessfinanzierer

Manche Prozessfinanzierer sind spezialisiert auf Schadenersatzprozesse ausschließlich im Bereich der Kapitalanlage. Anders als große Prozessfinanzierer, die regelmäßig der Versicherungsbranche zuzurechnen sind, existiert bei unabhängigen und spezialisierten Unternehmen kein Interessenkonflikt mit eigenen Versicherungskunden, gegen die aus nachvollziehbaren wirtschaftlichen Gründen keine Prozesse geführt werden können.

Einzelne auf das Kapitalanlagerecht ausgerichtete Prozessfinanzierer verfügen über ein exzellentes Know-how, weil sie mit Teams von Fachanwälten für Bank- und Kapitalmarktrecht, Wirtschaftsprüfern und Steuerberatern zusammenarbeiten. Jedem Prozess geht dabei eine investigative Prüfung, das heißt eine genaue und umfassende Recherche des Sachverhalts, voraus. Denn ohne sichere Kenntnis der tatsächlichen und wirtschaftlichen Hintergründe können komplexe Sachverhalte nicht erfolgreich durchgefochten werden. Dabei wird der Prozess, sofern erforderlich, durch spezielle Litigation-PR-Maßnahmen zur Erzielung der öffentlichen Aufmerksamkeit begleitet, um auf das bestehende Ungleichgewicht zwischen Anleger und Kapitalgesellschaft gezielt Einfluss nehmen zu können.

Manche Prozessfinanzierer kaufen die Forderung selbst an und führen dann als Partei.den Prozess selbst. Wird so verfahren, besteht für den Kunden in keinem Fall das Risiko, dass er bei der Insolvenz des Prozessfinanzierers nachträglich mit den Prozesskosten belastet wird, weil der Anleger selbst nie Partei des Rechtsstreits war. Außerdem steht er im Prozess als Zeuge zur Verfügung und kann so maßgeblich zum Ausgang des Prozesses beitragen.

Anders als bei den großen Prozessfinanzierern gibt es bei den unabhängigen und auf das Kapitalanlagerecht spezialisierten Unternehmen keinen „Mindeststreitwert", ab dem ein Prozess finanziert wird. Deshalb werden von diesen Prozessfinanzierern auch sogenannte Streuschäden finanziert, die im Kapitalanlagerecht häufig sind. Bei diesen „Streuschäden" ist der Schaden für den einzelnen Anleger in der Regel überschaubar, bemerkenswert ist aber die Vielzahl der betroffenen Anleger. Hauptanwendungsfälle sind Streitigkeiten im Zusammenhang mit fehlerhaften oder unterlassenen Kapitalmarktinformationen *(§§ 37 b und 37 c WpHG)*, sogenannte Delistings, bei denen Aktien vom aktiven Handel entfernt und die Börsennotierung dauerhaft eingestellt wird. Daneben natürlich auch die Fälle der Prospekthaftung, wenn also z. B. Aktien aufgrund von fehlerhaften oder unrichtigen Emissionsprospekten über Wert verkauft werden und Anleger die Wertdifferenz zwischen dem gezahlten Aktienpreis und dem eigentlichen Wert der Aktie gerichtlich durchsetzen wollen.

6.1. Der Markt

Zuletzt mit Stand vom 23.08.2012 hat der Deutsche Anwaltsverein *(DAV)* eine Übersicht der Prozessfinanzierer veröffentlicht. In dieser Übersicht sind – ohne Anspruch auf Vollständigkeit – insgesamt 18 Anbieter genannt. Dabei zeigt sich, dass

der Trend eindeutig zur Spezialisierung geht. Manche Prozessfinanzierer stehen für alle Rechtsgebiete zur Verfügung, maßgeblich ist nur, dass es um einen geldwerten Vorteil geht. Andere Prozessfinanzierer beschränken ihre Leistung auf spezielle
Rechtsgebiete, wie z. B. das Urheberrecht, den gewerblichen
Rechtsschutz, Bauhonorare oder das Kapitalanlagerecht und
den Versicherungsbereich. Bei einzelnen juristischen Finanz-
dienstleistern muss der Streitwert mindestens € 200.000,00
betragen, andere finanzieren Prozesse ab einem Streitwert von
€ 100.000,00. Nur wenige Prozessfinanzierer übernehmen die
Finanzierung von Verfahren mit einem Streitwert von unter €
10.000,00.

6.2. Bedingungen

Die Beteiligungsquote der Prozessfinanzierer ist bei großen
Streitwerten frei aushandelbar, liegt aber bei mindestens 10
Prozent des Erlöses. In der Regel sind die Erlösbeteiligungen
gestaffelt. Manche Anbieter erwarten 50 Prozent des realisier-
ten Ergebnisses bei Streitwerten bis € 50.000,00, 30 Prozent
des Erlöses im Erfolgsfall bei Streitwerten ab € 50.000,00 und
bei Streitwerten von mehr als € 500.000,00 bis zu 20 Prozent.
Andere Prozessfinanzierer verlangen bis zu einem Streitwert
von € 500.000,00 durchgängig 30 Prozent des Erlöses, wobei
sich die Vergütung bei vorgerichtlicher Einigung auf ca. 20 Prozent des Erlöses reduzieren kann.

Gerade bei einer nicht streitigen Auseinandersetzung, also
bei einer Einigung ohne gerichtlichen Prozess, liegen damit
die Kosten eines Prozessfinanzierers deutlich höher, als wenn
der Anleger seinen Anwalt beauftragt und von einer Prozessfinanzierung absieht. In der Praxis dürften außergerichtliche
Einigungen unter Einschaltung eines Prozessfinanzierers allerdings eine Rarität darstellen. Üblicherweise werden diese

Unternehmen nämlich erst eingeschaltet, wenn keine Aussicht mehr auf eine einvernehmliche außergerichtliche Einigung besteht und es konkret um die Frage geht, wie die mitunter erheblichen Prozesskosten finanziert werden können.

Was die klassische Prozessfinanzierung angeht, ist dabei im Auge zu behalten, dass die durchschnittliche Prozessdauer zwischen drei und fünf Jahren liegt und der Prozessfinanzierer erst am Ende aus dem Erlös finanziert wird.

6.3. Fazit

Die Beauftragung eines Prozessfinanzierers ist ein probates Mittel, um die zum Teil beträchtlichen Kosten für häufig lang dauernde Rechtsstreitigkeiten zu finanzieren. Wegen der unterschiedlich hohen Erlösbeteiligungen der Anbieter ist es sinnvoll, sich vor einer Beauftragung sorgfältig über die verschiedenen Bedingungen zu informieren. In jedem Fall sollte ein auf das jeweilige Rechtsgebiet spezialisierter Anbieter bevorzugt werden. Angesichts der durchschnittlichen Prozessdauer und der Finanzierung aus dem Erlös ist die durchschnittliche Beteiligungsquote der Prozessfinanzierer durchaus als angemessen zu qualifizieren.

Natürlich muss und will der Prozessfinanzierer Geld verdienen, allein um dessen Risiken zu decken. Anders als selbst ernannte „Anlegerschutzanwälte" oder „Interessengemeinschaften" oder Vereine mit dem Anlegerschutz im Namen verdient der Prozessfinanzierer nur, wenn auch der Anleger verdient und auch dann gehört der weitaus größte Teil der erstrittenen Ausgleichszahlung selbstverständlich dem Anleger.

Praxistipps:

- *Beauftragen Sie einen auf das Bank- und Kapitalmarktrecht spezialisierten Prozessfinanzierer, wenn es um Schadenersatzansprüche aus diesem Rechtsgebiet geht und nutzen Sie dessen besonderes Know-how.*

- *Vergleichen Sie unbedingt die Konditionen und wählen Sie eine individuelle, das heißt auf Ihren eigenen Schadensfall zugeschnittene Prozessfinanzierung. Sofern Sie bereit sind, einen Teil der Kosten selbst zu tragen, ist die Beteiligungsquote des Prozessfinanzierers frei aushandelbar.*

- *Lassen Sie prüfen, ob die Kosten des Prozessfinanzierers bei Ihrer Steuererklärung berücksichtigt werden können.*

7. Erfolgsabhängige Vergütung für Rechtsanwälte

Bei der Rechtsanwaltsvergütung gilt aus berufsrechtlichen Gründen der Grundsatz, dass die Vergütung nicht vom Erfolg abhängig gemacht werden darf. Seit dem 01.07.2008 sind von diesem Grundsatz Ausnahmen möglich.

7.1. Rechtlicher Rahmen

Ein Erfolgshonorar darf nur für den Einzelfall und nur dann vereinbart werden, wenn der Auftraggeber *(Mandant)* aufgrund seiner wirtschaftlichen Verhältnisse bei verständiger Betrachtung ohne die Vereinbarung eines Erfolgshonorars von der Rechtsverfolgung abgehalten würde. In einem gerichtlichen Verfahren darf dabei für den Fall des Misserfolgs vereinbart werden, dass keine oder nur eine geringere als die gesetzliche Vergütung zu zahlen ist, wenn für den Erfolgsfall ein angemessener Zuschlag auf die gesetzliche Vergütung vereinbart wird.

Eine solche Erfolgshonorarvereinbarung muss zwingende Bestandteile haben. So muss die Vereinbarung

- die voraussichtliche gesetzliche Vergütung und die erfolgsabhängige vertragliche Vergütung, zu der der Rechtsanwalt bereit wäre, den Auftrag zu übernehmen, sowie

- die Angabe, welche Vergütung bei Eintritt welcher Bedingung verdient sein soll,

enthalten *(§ 4 a Abs. 2 RVG)*.

In der Praxis wirft die Regelung erhebliche Probleme auf, weil die voraussichtlichen gesetzlichen Gebühren im Zeitpunkt der Mandatsübernahme häufig nicht absehbar sind. Im Vorfeld lässt sich nur schwer sagen, wie der Gegner prozesstaktisch reagiert, ob er z. B. eine Widerklage einreicht oder ob er die Hilfsaufrechnung erklärt. Oft ist auch unklar, wie das Gericht später den Streitwert festsetzt. Angesichts dieser Schwierigkeiten ist die Vorschrift unpraktikabel. Hinzu kommt, dass spätere Abweichungen von den „voraussichtlichen gesetzlichen Gebühren" gerne zum „Aufhänger" genommen werden, wenn es darum geht, die Wirksamkeit der erfolgsabhängigen Gebührenvereinbarung plötzlich anzuzweifeln.

7.2. Fazit

Angesichts der unpraktikablen Regelung einer erfolgsabhängigen Rechtsanwaltsvergütung hat sich diese in der Praxis nicht durchsetzen können.

B. KLASSISCHE SCHADENSFÄLLE – MASSGEBLICHE ANSPRUCHSGRUNDLAGEN

1. Grauer Markt – Regulierter Markt

Die Bezeichnung „Grauer Markt" hat sich als Schlagwort einge-
bürgert für alle Anlageprodukte, die nicht der Bankenaufsicht
durch die Bundesanstalt für Finanzdienstleistungsaufsicht
(BaFin) unterstehen. Darunter fallen insbesondere „Geschlossene Fonds", worunter man generell Kapitalsammlungen mit
einer festen Endsumme für die Durchführung von bestimmten
Wirtschaftsprojekten unterschiedlichster Art versteht. Das be-
deutet aber keineswegs, dass diese Vorhaben von vornherein
mit höheren Risiken behaftet sind als bankseitig angebotene
Anlagen. Oftmals handelt es sich dabei um Finanzierungsmo-
delle für sinnvolle mittelständische Unternehmensprojekte.

Mit Umsetzung der europäischen AIFM-Richtlinien in deutsches Recht tritt das Kapitalanlagegesetzbuch *(KAGB)* am
22.07.2013 in Kraft. Ab diesem Zeitpunkt benötigt voraussichtlich jede Gesellschaft, die geschlossene Fonds verwaltet, als
„Kapitalverwaltungsgesellschaft" die schriftliche Erlaubnis
durch die Bundesanstalt für Finanzdienstleistungsaufsicht
(BaFin). Die Zulassung ist in erheblichem Umfang mit Auflagen
verbunden. Gesetzlich vorgeschrieben wird u. a. eine Mindest-
kapitalausstattung, die Bestellung von zwei Geschäftsleitern,
die als fachkundig und zuverlässig einzustufen sind, sowie eine
Liste von Projekten, in die ausschließlich investiert werden
darf. Zudem muss vor dem Vertriebsbeginn eine spezielle Ver-
triebserlaubnis unter Vorlage des vorgesehenen Verkaufspro-
spektes von der BaFin eingeholt werden.

Für bereits bestehende Fondsverwaltungsunternehmen gilt
eine Übergangsregelung bis zum 21.07.2014. Doch spätestens
ab dann wird es voraussichtlich am Markt praktisch keine un-

regulierten Kapitalanlageprodukte mehr geben. Die frühere Unterscheidung zwischen dem sogenannten Grauen Kapitalmarkt und dem unter der Aufsicht der BaFin stehenden Kapitalmarkt, der bislang durch regulierte Banken und Finanzdienstleistungsinstitute dominiert wurde, wird dann im Wesentlichen Geschichte sein.

Eine einheitliche europäische Regulierung der Kapitalanlageprodukte und eine staatliche Beaufsichtigung der Anbieter sind grundsätzlich zu begrüßen. Es sollte jedoch nicht übersehen werden, dass zahlreiche mittelständische Unternehmen und Projekte in Deutschland nur aufgrund privater Initiative mit dem Kapital geschlossener Fonds entstanden sind, da eine anderweitige Finanzierung nicht angeboten wurde.

Der offensichtlich unter starkem Lobbyeinfluss entstandene Gesetzesentwurf für das KAGB enthält zahlreiche bürokratische Überregulierungen, die diese Finanzierungsform drastisch erschweren. Dazu gehört u. a. die Festlegung auf lediglich bestimmte Projekte und Branchen, die Auflage, dass bei mehreren Fondsprojekten alle eine annähernd gleiche Kapitalsumme haben müssen und dass bei der Finanzierung eines Einzelobjekts die Mindestbeteiligung pro Anleger € 20.000,00 betragen muss. Dies sowie andere unnötige oder unklare Bestimmungen behindern die Auflage und Durchführung von geschlossenen Fonds erheblich. Es ist daher fraglich, ob es in absehbarer Zeit diese Finanzierungsform noch weiterhin geben wird. Wie sich das neue Gesetz volkswirtschaftlich für das Land auswirkt, bleibt abzuwarten.

Bei der BaFin wurde ab November 2012 ein zentrales Beraterregister eingerichtet, an das alle Kundenbeschwerden über Anlageberater von Banken bzw. Wertpapierdienstleistungsunternehmen gemeldet werden müssen – unabhängig davon, ob diese berechtigt oder unberechtigt sind.

2. Auskunfts- und Beratungsverträge

2.1. Anlagevermittlerhaftung

Der Anlagevermittler schuldet einem Interessenten eine richtige und vollständige Information über diejenigen tatsächlichen Umstände, die für dessen Anlageentschluss von besonderer Bedeutung sind *(st. Rspr. z. B. BGH, Urteil vom 12.02.2004 = BGHZ 158, 110, 116)*. Der Anlagevermittler muss das Anlagekonzept, bezüglich dessen er Auskunft erteilt, wenigstens auf Plausibilität, insbesondere wirtschaftliche Tragfähigkeit hin, überprüfen. Ansonsten kann er keine sachgerechten Auskünfte erteilen *(st. Rspr. BGH, Urteil vom 05.03.2009 = WM 2009, 739)*.

Vertreibt er die Anlage anhand eines Prospekts, muss er, um seiner Auskunftspflicht nachzukommen, im Rahmen der geschuldeten Plausibilitätsprüfung den Prospekt jedenfalls darauf überprüfen, ob er ein in sich schlüssiges Gesamtbild über das Beteiligungsobjekt gibt und ob die darin enthaltenen Informationen, soweit er das mit zumutbarem Aufwand festzustellen in der Lage ist, sachlich vollständig und richtig sind *(BGH, Urteil vom 12.02.2004 = BGHZ 158, 110)*.

Wenn der Anlagevermittler die erforderliche Plausibilitätsprüfung unterlässt, darf er Erklärungen zu Renditeerwartungen nicht abgeben oder muss zumindest darauf hinweisen, dass es sich lediglich um seine subjektive – ohne Prüfung des Konzepts abgegebene – Erwartung handelt. Grundsätzlich ist auch darüber aufzuklären, dass der Anlagevermittler keine Ausbildung im Finanzsektor hat und deshalb das Anlagekonzept nicht durchschaut *(BGH, Urteil vom 12.05.2005 – III ZR 413/04 und Urteil vom 05.03.2009 – III ZR 17/08)*.

Die Haftung des Anlagevermittlers wegen fehlerhafter Prospektangaben setzt voraus, dass der Fehler bei der erforderlichen Plausibilitätsprüfung erkennbar gewesen wäre. Wenn feststeht, dass der Prospekt fehlerhaft ist, hat der Anlagever-mittler die Darlegungs- und Beweislast dafür, dass ihm der Prospektfehler bei der gebotenen Plausibilitätsprüfung nicht aufgefallen wäre *(BGH, Urteil vom 05.03.2009 – III ZR 17/08)*.

Demgegenüber ist ein freier oder ein gebundener Anlagebe-rater der Bank anders als der Anlagevermittler zu mehr als nur zu einer Plausibilitätsüberprüfung verpflichtet. In Bezug auf das Anlageobjekt hat sich seine Beratung auf diejenigen Eigenschaften und Risiken zu beziehen, die für die jeweilige Entscheidung wesentliche Bedeutung haben oder haben kön-nen. Er muss deshalb eine Anlage, die er empfehlen will, mit üblichem kritischen Sachverstand prüfen oder den Anlageinte-ressenten auf ein diesbezügliches Unterlassen hinweisen. Ein Berater, der sich in Bezug auf eine bestimmte Anlageentschei-dung als kompetent geriert, hat sich dabei aktuelle Informati-onen über das Objekt, das er empfehlen will, zu verschaffen. Dazu gehört die Auswertung vorhandener Veröffentlichungen in der Wirtschaftspresse *(vgl. z. B. BGH, Urteil vom 05.03.2009 = WM 2009, 688, 690)*.

Umfang und Art der Hinweis- und Ermittlungspflichten des Anlageberaters bestimmen sich nach den Umständen des je-weiligen Einzelfalles. Dabei kommt es insbesondere darauf an, wie der Anlageberater gegenüber dem Anlageinteressenten auftritt und ob und inwieweit dieser die berechtigte Erwar-tung hegt, über bestimmte Umstände informiert zu werden. Zu solchen Umständen zählen grundsätzlich zwar auch Ge-setzesänderungen, sofern sie für die empfohlene Kapitalan-lage erhebliche Auswirkungen haben können. Anders als die Anlagegesellschaft muss der Anlageberater aber nicht ohne besondere Anhaltspunkte infolge einer Gesetzesänderung auf-tretenden schwierigen und ungeklärten Rechtsfragen nachge-hen, die er regelmäßig nur unter Inanspruchnahme sachkundi-ger Hilfe *(Rechtsgutachten)* abklären könnte.

2.2. Anlageberatung

Praxisfall:

*„Der Kläger begehrt von der beklagten Volksbank Scha-
denersatz wegen Verletzung von Beratungspflichten beim
Kauf von DM-Auslandsanleihen. Der Kläger hatte seit über
20 Jahren bei der beklagten Bank seine Ersparnisse von
zuletzt ca. 55.000,00 DM in sicheren Anlageformen (u. a.
Festgeld, Sparguthaben, Bundesschatzbriefe) angelegt.
Nachdem ein Bonus-Sparvertrag über 20.000,00 DM fällig
geworden war, kam es im März 1989 zu einem Beratungsgespräch über die Neuanlage dieses Betrags. Dabei legte der Anlageberater der Beklagten dem Kläger eine Liste
von Angeboten aus deren Anlageprogramm vor, in der die
DM-Anleihe der australischen Bond-Finance Ltd. aus dem
Jahre 1988 aufgeführt war. Die Beklagte hatte sich vor der
Aufnahme dieser Anlageempfehlung darüber unterrichtet,
dass kurz zuvor aufgrund eines Prospekts mit dem darin
enthaltenen Testat eines Wirtschaftsprüfers die Anleihe an
der Frankfurter Börse zum amtlichen Handel zugelassen
worden war, und hatte sich den Börsenzulassungsprospekt
beschafft. Der Kläger kaufte bei der Beklagten diese Anlage
im Nennbetrag von 20.000,00 DM am 16.03.1989."*

Die Ratingagentur Australian Ratings Agency hatte die Anleihe
bereits im Juni 1998 mit „BB", also als spekulativ mit unter-
durchschnittlicher Deckung, und im Dezember 1988 mit „B",
also als hochspekulativ mit geringer Kapitalabsicherung, ein-
gestuft. Nach Börsenzulassung Anfang März 1989 wurde die
Anleihe nur noch mit „CCC" bewertet, womit auf die Gefahr einer Insolvenz des Emittenten hingewiesen war. Die Anleihe ist
inzwischen praktisch wertlos. *(nach BGH, Urteil vom 06.07.1993
– XI ZR 12/93, Bond-Urteil)*

In zahlreichen Fallkonstellationen haben Kapitalanleger Schadenersatzansprüche gegenüber der Bank, wenn diese ihre aus dem Beratungsvertrag resultierenden Pflichten verletzt hat.

Im Verhältnis zwischen Bank und Anleger liegt regelmäßig eine Anlageberatung und nicht bloß eine Anlagevermittlung vor. Von der Anlageberatung ist auszugehen, wenn der Kapitalanleger selbst keine ausreichenden wirtschaftlichen Kenntnisse und keinen genügenden Überblick über wirtschaftliche Zusammenhänge hat und deshalb nicht nur die Mitteilung von Tatsachen, sondern insbesondere deren – häufig auf seine persönlichen Verhältnisse zugeschnittene – fachkundige Bewertung und Beratung erwartet. Demgegenüber hat der Anlagevermittler in der Regel für eine bestimmte Kapitalanlage im Interesse des Kapitalsuchenden und auch mit Rücksicht auf eine ihm von diesem versprochene Provision den Vertrieb übernommen, wobei der Kapitalanleger von dem Anlagevermittler in erster Linie eine Auskunftserteilung über die tatsächlichen Umstände der ins Auge gefassten Anlageform erwartet *(BGH, Urteile vom 25.11.1981 = WM 1982, 90 und vom 13.05.1993 = WM 1993, 1238)*.

Die beratende Bank ist zu einer anleger- und objektgerechten Beratung verpflichtet *(BGH, Urteil vom 06.07.1993 = BGHZ 123, 126, 128 f.)*. Dabei hängen der Inhalt und der Umfang der Beratungspflichten von den Umständen des Einzelfalles ab. Maßgeblich sind einerseits

- der Wissensstand,

- die Risikobereitschaft und

- das Anlageziel des Kunden und

andererseits

- die allgemeinen Risiken, wie etwa die Konjunkturlage und die Entwicklung des Kapitalmarktes, sowie die speziellen Risiken, die sich aus den Besonderheiten des Anlageobjektes ergeben.

In Bezug auf das Anlageobjekt hat sich die Beratung auf diejenigen Eigenschaften und Risiken zu beziehen, die für die jeweilige Anlageentscheidung wesentliche Bedeutung haben oder haben können.

Während die Bank über diese Umstände richtig, sorgfältig, zeitnah, vollständig und für den Kunden verständlich zu unterrichten hat, muss die Bewertung und Empfehlung des Anlageobjekts unter Berücksichtigung der genannten Gegebenheiten lediglich aus damaliger Sicht betrachtet vertretbar sein. Das Risiko, dass eine aufgrund anleger- und objektgerechter Beratung getroffene Anlageentscheidung sich im Nachhinein als falsch erweist, trägt allerdings der Anleger *(vgl. BGH, Urteile vom 27.09.2011 = WM 2011, 2268)*.

Im Rahmen der anlegergerechten Beratung darf sich die Bank auf die Empfehlung von hauseigenen Produkten beschränken und muss nicht auf die Produkte von Konkurrenten verweisen *(BGH, Urteil vom 19.12.2006 = BGHZ 170, 226)*.

Bei der Anlageberatung sind Banken erst seit 2010 verpflichtet, dem Kunden ein von dem Mitarbeiter der Bank unterschriebenes Beratungsprotokoll auszuhändigen. Der Kunde ist nicht verpflichtet, das Beratungsprotokoll zu unterzeichnen. In dem Beratungsprotokoll müssen Bankberater detailliert abfragen, welche Ziele der Kunde verfolgt und welche Risiken er einzugehen beabsichtigt. In dem Beratungsprotokoll der Bank muss zudem die konkrete Anlageempfehlung begründet werden. Ab 2013 gilt eine entsprechende Protokollpflicht auch für freie Finanzberater und Mitarbeiter von Finanzvertrieben.

Diese Protokollpflicht wurde vom Gesetzgeber in der Hoffnung eingeführt, dass Anleger eine Falschberatung besser beweisen können. Tatsächlich ist es aber so, dass die Banken die Protokolle regelmäßig so formulieren, dass sie vor Schadenersatzansprüchen weitestgehend geschützt sind. Nach dem

Gesetz ist das Protokoll nur von dem Anlageberater zu unterschreiben. Eine Pflicht des Kunden, das Protokoll ebenfalls
zu unterschreiben, gibt es nicht. Jeder Kunde ist gut beraten,
wenn er das Protokoll, das ihm auszuhändigen ist, nicht un-
terschreibt. Im Falle fehlerhafter Anlageberatung verbessern
sich so die Chancen des Kunden vor Gericht erheblich. Sofern
möglich sollte der Kunde das Beratungsgespräch bei der Bank
nicht alleine führen, sondern sich von einer Person seines Ver-
trauens begleiten lassen. Diese Person kann später als Zeuge
für das Beratungsgespräch zur Verfügung stehen.

2.3. Informationspflichten

Ausgehend von dem sogenannten Bond-Urteil des Bundesgerichtshofs *(BGH, Urteil vom 07.07.1993 = BGHZ 123, 126 ff.)*
muss eine Bank, die sich in Bezug auf eine bestimmte Anlageentscheidung als kompetent darstellt, sich aktuelle Informationen über das Anlageobjekt verschaffen, das sie empfehlen
will. Dazu gehört auch die Auswertung vorhandener Veröffentlichungen in der einschlägigen Wirtschaftspresse *(BGH, Urteil
vom 07.10.2008 – XI ZR 89/07 und BGH, Urteil vom 05.03.2009
– III ZR 302/07)*. Daraus darf allerdings nicht gefolgert werden,
dass eine Bank auch Berichte in nicht allgemein anerkannten Publikationsorganen, deren Seriosität und Qualität nicht
über jeden Zweifel erhaben sind, kennen muss *(BGH, Urteil
vom 07.10.2008 – XI ZR 89/07)*. Die Bank darf vielmehr selbst
entscheiden, welche Auswahl sie trifft, solange sie nur über
ausreichende Informationsquellen verfügt *(BGH, Urteil vom
07.10.2008 – XI ZR 89/07)*.

Ein nur vereinzelt gebliebener Artikel in der „Wirtschafts-
woche" muss beispielsweise dem Anlageberater nicht bekannt
sein. Ein solcher Artikel löst auch keine Hinweispflicht aus,
wenn in dem Artikel lediglich eine negative Bewertung abge-

geben wird und in ihm keine zusätzliche Sachinformation enthalten ist, die über das hinausgeht, was dem Anleger anhand des Prospekts oder anderer Unterlagen vom Berater bereits übergeben wurde *(BGH, Urteil vom 05.03.2009 – III ZR 302/07)*.

Eine völlig andere Qualität hat demgegenüber ein einzelner im „Handelsblatt" veröffentlichter Artikel, wenn aus diesem hervorgeht, dass einem Emittenten die aufsichtsrechtliche Zulassung, insbesondere nach dem Kreditwesengesetz *(KWG)*, entzogen wurde. Das „Handelsblatt" gehört zur Pflichtlektüre der Anlageberater und ist zeitnah auszuwerten und zu beachten *(BGH, Urteil vom 05.11.2009 – III ZR 302/08)*.

Praxistipps:

- *Unter keinen Umständen sollten Anleger die Beratungsprotokolle der Banken oder anderer freier Berater unterschreiben. Eine entsprechende Pflicht des Kunden gibt es – entgegen zahlreich anders lautenden Behauptungen – nicht.*

- *Es ist immer sinnvoll, eine zweite Person zu dem Beratungsgespräch mit der Bank oder dem freien Berater hinzuzuziehen. So können Fälle der Falschberatung im Streitfall besser durch einen unabhängigen Zeugen bewiesen werden.*

2.4. Beratungspflichten bei Kreditfinanzierung

Nach ständiger Rechtsprechung des Bundesgerichtshofs *(BGH)* ist eine kreditgebende Bank bei steuersparenden Fondsmodellen zur Risikoaufklärung über das finanzierte Geschäft nur unter ganz besonderen Voraussetzungen verpflichtet. Sie darf regelmäßig davon ausgehen, dass die Kunden entweder über die notwendigen Kenntnisse oder Erfahrungen verfügen oder sich jedenfalls der Hilfe von Fachleuten bedient haben.

Nur ausnahmsweise können sich Aufklärungs- und Hinweispflichten aus den besonderen Umständen des Einzelfalls ergeben. Das kann der Fall sein, wenn die Bank im Zusammenhang mit der Planung, der Durchführung oder dem Vertrieb des Projektes

- in nach außen erkennbarer Weise über ihre Rolle als Kreditgeberin hinausgeht *(BGH, WM 2009, 1359)*,

- wenn sie einen zu den allgemeinen wirtschaftlichen Risiken hinzutretenden besonderen Gefährdungstatbestand für den Kunden schafft oder dessen Entstehung begünstigt *(BGH, WM 2008, 971 = WuB I G 5)*,

- wenn sie sich im Zusammenhang mit der Kreditgewährung an den Objektinitiator oder auch an einzelne Erwerber in schwerwiegende Interessenkonflikte verwickelt *(BGH, WM 2011, 876)* oder

- wenn sie in Bezug auf spezielle Risiken des Vorhabens einen konkreten Wissensvorsprung vor dem Darlehensnehmer hat und dies auch erkennen kann *(BGHZ 168, 1 = WM 2006, 1194)*.

Für Anleger, die durch sogenannte Schrottimmobilien geschädigt wurden, haben die eben erwähnten vier Fallgruppen besondere praktische Bedeutung gehabt und werden sie auch in Zukunft noch haben, weil auf deren Grundlage häufig die Rückabwicklung der wertlosen Immobilien Zug um Zug gegen Freistellung aus dem Finanzierungsvertrag erreicht werden kann.

Praxistipps:

- *Zahlreiche anlegerfreundliche Urteile belegen, dass auch Käufer von sogenannten Schrottimmobilien nicht rechtlos sind. Lassen Sie den konkreten Sachverhalt durch spezialisierte Rechtsanwälte sorgfältig prüfen.*

- *Weil Rechtsschutzversicherungen in Fällen mit Immobilienbezug häufig nicht eintrittspflichtig sind, eignen sich aussichtsreiche Fälle gut für eine Prozessfinanzierung.*

2.5. Sonderfall Direktbanken

Zwischen einem Kapitalanleger und einer Direktbank, die ausdrücklich allein sogenannte Execution-only-Dienstleistungen als Discount-Brokerin anbietet, kommt im Zusammenhang mit Wertpapiergeschäften grundsätzlich kein stillschweigend geschlossener Anlageberatungsvertrag zustande. Denn üblicherweise erklären Discount-Broker bzw. Direktbanken bereits bei Aufnahme der Geschäftsbeziehung, dass sie sich nur an gut informierte und erfahrene Anleger wenden und zur Aufklärung nur durch Übersendung von Informationsbroschüren, nicht aber durch individuelle Hinweise bereit sind.

Ein Anleger, der der Bank in dieser Kenntnis eine bestimmte Order erteilt, erklärt damit einverständlich, dass er weitere Informationen durch die Bank nicht benötigt, also nicht aufklärungsbedürftig ist *(Senatsurteile vom 05.10.1999 = BGHZ 142, 345, 355 = WM 1999, 2300 m. w. N. und vom 11.11.2003 = WM 2004, 24, 26).* Auch eine Zurechnung etwaiger Beratungsfehler eines vom Kapitalanleger mit seiner Beratung beauftragten selbstständigen Wertpapierdienstleistungsunternehmen scheidet in der Regel aus, weil die Beratung nicht zum Pflichtenkreis einer solchen Direktbank gehört.

Nur ganz ausnahmsweise kann eine haftungsbewehrte Warnpflicht als Nebenpflicht *(§ 241 Abs. 2 BGB)* der Execution-only-Dienstleistung bestehen, wenn die Direktbank die tatsächliche Fehlberatung des Kunden bei dem in Auftrag gegebenen Wertpapiergeschäft positiv kennt oder wenn diese Fehlberatung aufgrund massiver Verdachtsmomente objektiv evident ist *(BGH, Urteil vom 19.03.2013 – XI ZR 431/11 = WM 2013, 789 f.; BGHZ 176, 281 = WM 2008, 1252)*.

Das wurde im Falle einer Direktbank von dem Bundesgerichtshof *(BGH)* bejaht, die davon wusste, dass der dortige Kläger von seinem Wertpapierdienstleistungsunternehmen systematisch und damit vorsätzlich falsch beraten wurde.

Praxistipps:

- *Nur gut informierte und erfahrene Anleger sollten die Execution-only-Dienstleistungen der Direktbanken für sich in Anspruch nehmen, weil Direktbanken grundsätzlich keine Beratung schulden.*

- *Wer auf eine individuelle Beratung nicht verzichten will, sollte sich an seine Hausbank wenden oder einen sogenannten Honorarberater beauftragen.*

3. Prospekthaftung

Praxisfall:

„Der Kläger zeichnete mit Beitrittserklärungen vom 01.12.2006 und vom 13.06.2007 Beteiligungen als Kommanditist mit Beträgen von jeweils € 80.000,00 plus 5 Prozent Agio an der D., Grundstücks- und Verwaltungs GmbH & Co. 1 KG (,Grundrenditefonds'). Diese Kapitalanlagen waren dem Kläger durch die Beklagte unter Verwendung der von den Objektgesellschaften herausgegebenen Prospekte vermittelt worden."

Der Kläger behauptet, beide Immobilienfonds befänden sich in einer katastrophalen wirtschaftlichen Lage, da die tatsächlichen Mieteinnahmen für die Gewerbeeinheiten in erheblichem Umfang hinter den zugesagten Mieten zurückgeblieben seien. Er verlangt von der Beklagten Ersatz der ihm durch den Erwerb der Beteiligungen entstandenen Aufwendungen, Zug um Zug gegen Abtretung der Beteiligungen, wobei er sich auf den geltend gemachten Schaden Ausschüttungen von insgesamt € 5.600,00 anrechnen lässt.

Die Haftung der Beklagten leitet der Kläger aus dem Gesichtspunkt der Prospekthaftung – mit der Behauptung, die Prospekte für die beiden Immobilienfonds seien in mehrfacher Hinsicht fehlerhaft gewesen – und daraus her, dass die Beklagte ihm gegenüber (vor-)vertragliche Aufklärungspflichten verletzt habe." *(nach BGH, Urteil vom 12.02.2004 – III ZR 359/02)*

Geschlossene Fonds sind in der Regel Publikumsgesellschaften mit Kommanditisten oder atypisch stillen Gesellschaftern oder Gesellschaften bürgerlichen Rechts, die Gesellschaftsanteile ausgeben. Hierbei werden die Gesellschaftseinlagen und in der überwiegenden Zahl der Fälle zusätzlich Kreditmittel aufgenommen, um z. B. Investitionen in Immobilien, Filme, Frachtschiffe, Flugzeuge, gebrauchte Lebensversicherungen, Windparks und vieles mehr zu tätigen.

Beim Vertrieb geschlossener Fonds werden in der Regel Verkaufsprospekte verwendet, die Anlagevermittler, freie Anlageberater und Banken beim Verkaufsgespräch zur Kundeninformation einsetzen. Bei der Verwendung fehlerhafter, das heißt unrichtiger und unvollständiger Verkaufsprospekte, tritt neben eine Haftung der freien Anlageberater und der Bankenberater aus einem Beratungsverschulden oder der Haftung des Anlagevermittlers aus der schuldhaften Verletzung eines Auskunftsvertrages eine Haftung bestimmter Gruppen von Personen unter dem Gesichtspunkt der Prospekthaftung.

Bei der Prospekthaftung ist zwischen der spezialgesetzlichen Prospekthaftung und der von der Rechtsprechung entwickelten bürgerlich-rechtlichen Prospekthaftung zu differenzieren. Bei der bürgerlich-rechtlichen Prospekthaftung ist ferner zwischen der Prospekthaftung im engeren Sinne und der Prospekthaftung im weiteren Sinne zu unterscheiden.

3.1. Prospekthaftung im engeren Sinne

Ein Verkaufsprospekt muss nach der ständigen Rechtsprechung des Bundesgerichtshofs *(BGH)* zur bürgerlich-rechtlichen Prospekthaftung im engeren Sinne über alle Umstände, die von wesentlicher Bedeutung sind oder sein können, sachlich richtig und vollständig unterrichten *(st. Rspr. BGH, Urteil vom 28.02.2008 – III ZR 149/07)*. Dazu gehört auch eine Aufklärung über Umstände, die den Vertragszweck vereiteln können *(st. Rspr. BGH, Urteil vom 21.10.1991 = BGHZ 116, 7, 12)*. Die Aufklärungspflicht erstreckt sich auch auf solche Umstände, von denen zwar noch nicht feststeht, die es aber wahrscheinlich machen, dass sie den vom Anleger verfolgten Zweck gefährden.

Grundsätzlich ist die Aufklärung eines Anlegers ausschließlich mittels eines Prospektes möglich. Voraussetzung dafür ist, dass der Prospekt so rechtzeitig vor dem Kauf überreicht wurde, dass der Anleger sich mit seinem Inhalt vertraut machen kann *(BGH, Urteil vom 12.07.2007 – III ZR 145/06)*. Die Erklärungen des Anlageberaters bzw. Anlagevermittlers dürfen zutreffende Hinweise im Prospekt, insbesondere zu den Risiken der Anlage, nicht entwerten. Insoweit gilt der „Vorrang des gesprochenen Wortes" *(BGH, Urteil vom 25.09.2007 – XI ZR 320/06)*.

Enthält der Prospekt eine Prognose über die künftige Wertentwicklung oder z. B. das Mietausfallrisiko, muss diese durch Tatsachen gestützt sein *(BGH, Urteil vom 27.10.2009 – XI ZR 337/08)*.

Das Totalausfallrisiko fremdfinanzierter Immobilien infolge mangelnder Vermietbarkeit ist Anlegern in der Regel bekannt. Eine besondere Hinweispflicht kann sich aber aus etwaigen, dem Anleger unbekannten risikoerhöhenden Umständen ergeben.

Die abstrakte Erläuterung des Wiederauflebens der Kommanditistenhaftung nach § 172 Abs. 4 HGB ist nicht erforderlich. Es ist ausreichend, wenn die erteilten Hinweise dieses Risiko korrekt umschreiben *(BGH, Beschluss vom 09.11.2009 – II ZR 16/09)*.

Ist wirtschaftliches Ziel der Kapitalanlage der Aufbau eines dritten Unternehmens, muss das Geschäftsmodell im Prospekt erläutert werden und ist die korrekte Wiedergabe von Chancen und Risiken erforderlich *(BGH, Urteil vom 07.12.2009 – II ZR 15/08)*.

Für die Frage, ob ein Emissionsprospekt unrichtig oder unvollständig ist, kommt es nicht allein auf die darin wiedergegebenen Einzeltatsachen, sondern wesentlich auch darauf an, welches Gesamtbild er von den Verhältnissen des Unternehmens vermittelt *(BGH, Urteil vom 14.06.2007 = WM 2007, 1503)*.

Der Verkaufsprospekt muss

- alle für die Beurteilung der Wertpapiere wichtigen tatsächlichen und rechtlichen Verhältnisse möglichst zeitnah darstellen *(BGH, Urteil vom 12.07.1982 = WM 1982, 862)* und

- durch seine Aussagen von den Verhältnissen und der Vermögens-, Ertrags- und Liquiditätslage des Unternehmens, dessen Papiere zum Kauf angeboten werden, dem interessierten Publikum ein zutreffendes Gesamtbild vermitteln.

Dazu gehört auch

- eine Darstellung der wesentlichen kapitalmäßigen und personellen Verflechtungen zwischen einerseits der Komplementär-GmbH, ihren Geschäftsführern und beherrschenden Gesellschaftern und andererseits den Unternehmen sowie deren Geschäftsführern und beherrschenden Gesellschaftern, in deren Hand die Beteiligungsgesellschaft die nach dem Emissionsprospekt durchzuführenden Vorhaben ganz oder wesentlich gelegt hat *(vgl. BGH, Urteile vom 06.10.1980 – II ZR 60/80 –, vom 10.10.1994 – II ZR 95/93 – NJW 1995, 130).*

Hierbei sind solche Angaben als wesentlich anzusehen, die ein Anleger „eher als nicht" bei seiner Anlageentscheidung berücksichtigen würde.

Zur Beantwortung der Frage, ob ein Prospekt unrichtig oder unvollständig ist, ist auf den Empfängerhorizont abzustellen. Dabei ist nach ständiger Rechtsprechung des Bundesgerichtshofs auf die Kenntnisse und Erfahrungen eines durchschnittlichen Anlegers abzustellen, der als Adressat des Prospektes in Betracht kommt *(BGH, Urteil vom 12.07.1982 = WM 1982, 862).* Wendet sich der Emittent ausdrücklich auch an das unkundige und börsenunerfahrene Publikum, so kann von dem durchschnittlich angesprochenen (Klein-)Anleger nicht erwartet werden, dass er eine Bilanz lesen kann. Der Empfängerhorizont bestimmt sich daher in diesen Fällen nach den Fähigkeiten und Erkenntnismöglichkeiten eines durchschnittlichen (Klein-)-Anlegers, der sich allein anhand der Prospektangaben über die Kapitalanlage informiert und über keinerlei Spezialkenntnisse verfügt *(BGH, Urteil vom 18.09.2012 = WM 2012, 2147, 2150)*.

Als Verantwortliche, von denen der Erlass des Prospekts ausgeht *(Prospektveranlasser)* und die den Anlegern haften sollen, werden die Personen erfasst, die ein eigenes wirtschaftliches Interesse an der Emission der Wertpapiere haben und darauf hinwirken, dass ein unrichtiger oder unvollständiger Prospekt veröffentlicht wird. Hierdurch wird eine Lücke bei den Haftungspflichtigen geschlossen. Insbesondere sollen auch Konzernmuttergesellschaften in die Haftung einbezogen werden, wenn eine Konzerntochtergesellschaft Wertpapiere emittiert *(BGH, Urteil vom 18.09.2012, 2147, 2152 f.)*.

3.2. Prospekthaftung im weiteren Sinne

Die Prospekthaftung im weiteren Sinne knüpft als Anspruch aus Verschulden bei Vertragsschluss nach § 280 Abs. 1, § 311 Abs. 2 an die (vor-)vertraglichen Beziehungen zum Anleger an.

Zu den haftenden Personen zählen in der Regel die sogenannten Vordermänner, weil sie als Initiatoren, Gründer und Gestalter der Gesellschaft in aller Regel auch persönliches Vertrauen in Anspruch nehmen. Demgegenüber gehören zu dem Kreis der haftenden Personen nicht die sogenannten Hintermänner, weil sie nicht nach außen in Erscheinung getreten sind und aus diesem Grund kein persönliches Vertrauen in Anspruch genommen haben.

Ferner haften die sogenannten Garanten unter dem Gesichtspunkt der Prospekthaftung im weiteren Sinne. Die Rechtsprechung nimmt eine Haftung als Garant für Personen an, die mit

Rücksicht auf ihre allgemein anerkannte und hervorgehobene berufliche Stellung oder ihre Eigenschaft als berufsmäßige Sachkenner durch ihr nach außen in Erscheinung tretendes Mitwirken am Emissionsprospekt einen besonderen – zusätzlichen – Vertrauenstatbestand schaffen und Erklärungen abgeben, wobei ihre Haftungspflicht auf die ihnen selbst zuzurechnenden Prospektaussagen beschränkt ist *(BGH, Urteil vom 06.03.2008, Gz. III ZR 298/05)*. In der gerichtlichen Praxis spielt die Haftung der sogenannten Garanten allerdings eine nur untergeordnete Rolle.

Praktisch wichtiger ist die Haftung der Gründer, bei denen es sich häufig auch um solvente Unternehmer handelt. Es entspricht ständiger Rechtsprechung des Bundesgerichtshofs, dass bei einem Beitritt zu einer Gesellschaft, der sich durch Vertragsschluss mit den übrigen Gesellschaftern vollzieht, solche (vor-)vertraglichen Beziehungen zwischen Gründungsgesellschaftern und dem über einen Treuhänder beitretenden Kommanditisten jedenfalls dann bestehen, wenn der Treugeber nach dem Gesellschaftsvertrag wie ein unmittelbar beigetretener Kommanditist behandelt werden soll *(BGH, Urteil vom 20.03.1987 = WM 1987, 811)*.

Hierbei haben die Gründungsgesellschafter die Pflicht, einem Beitrittsinteressenten für seine Beitrittsentscheidung ein zutreffendes Bild über das Beteiligungsobjekt zu vermitteln und ihn über alle Umstände, die für seine Anlageentscheidung von wesentlicher Bedeutung sind oder sein können, insbesondere über die mit der angebotenen speziellen Beteiligungsform verbundenen Nachteile und Risiken, zutreffend, verständlich und vollständig aufzuklären *(st. Rspr. vgl. BGH, Urteil vom 17.05.2011 = WM 2010, 1310)*.

Der Gründungsgesellschafter, der sich zu den vertraglichen Verhandlungen über einen Beitritt eines Vertriebs bedient und diesem oder von diesem eingeschalteten Untervermittlern die geschuldete Aufklärung der Beitrittsinteressenten überlässt, haftet über § 278 BGB für deren unrichtige oder unzureichende Angaben *(BGH, Urteil vom 14.05.2012 – II ZR 69/12)*.

Mit anderen Worten: Er muss sich das Fehlverhalten von Personen, die er mit den Verhandlungen zum Abschluss des Beitrittsvertrages ermächtigt hat, zurechnen lassen *(BGH, Urteil vom 01.03.2011 = W 2011, 792)*.

Dabei geht die Rechtsprechung völlig zu Recht davon aus, dass die Verwendung eines Prospektes zur Aufklärung der Beitrittsinteressenten es nicht ausschließt, unzutreffende Angaben des Vermittlers dem Gründungsgesellschafter zuzurechnen. Vermittelt der Prospekt hinreichende Aufklärung, ist dies kein Freibrief, Risiken abweichend hiervon darzustellen und mit Erklärungen ein Bild zu zeichnen, das die Hinweise im Prospekt für die Entscheidung des Anlegers entwertet oder mindert *(BGH, Urteil vom 12.07.2007 = WM 2007, 1606)*.

Wenn das anstelle des Gründungsgesellschafters mit den Beitrittsverhandlungen und der Aufklärung beauftragte Vertriebsunternehmen weitere Untervermittler eingesetzt hat, führt dies zur Haftung der Gründungsgesellschafter nach § 278 BGB für ein Verschulden der Untervermittler. Deren Verschulden ist schon dann zuzurechnen, wenn mit ihrem Einsatz gerechnet werden musste *(BGH, Urteil vom 08.01.2004 = WM 2004, 1240)*.

Mittelverwendungskontrolleure zählen zu dem Kreis der haftenden Personen, soweit sie in ihrem „eigenen Wirkungskreis" handeln. Häufig ist ein Mittelverwendungskontrolleur gegenüber den künftigen Anlegern schon vor Abschluss des Vertrages und ohne konkreten Anlass verpflichtet, sicherzustellen, dass sämtliche Anlagegelder von Anfang an in seine (Mit-)Verfügungsgewalt gelangen, da er ansonsten nicht in der Lage ist, deren Verwendung zu den vertraglich vorgesehenen Zwecken auftragsgerecht zu gewährleisten *(BGH, Urteil vom 19.11.2009 – II ZR 109/08)*.

Im Übrigen ist der Mittelverwendungskontrolleur grundsätzlich nicht verpflichtet, den Anlageinteressenten über die Reichweite und die Risiken des Beitrittsvertrages aufzuklären. Nach der Rechtsprechung muss der Mittelverwendungskontrolleur auch den rechtlichen und wirtschaftlichen Verhältnissen der beteiligten Unternehmen nicht näher nachgehen. Nur dann, wenn sich ihm entsprechende Bedenken und Vorbehalte aufdrängen, darf er sich diesen gegenüber nicht verschließen *(BGH, Urteil vom 22.03.2007 – III ZR 98/06)*.

Wenn und soweit Treuhandkommanditisten als Gründer auftreten, haften sie als Gründer. Nur diejenigen Gesellschafter unterliegen einer Haftung wegen Verschuldens aus Vertragsverhandlungen mit künftigen Mitgesellschaftern nicht, die erst nach der Gründung der Gesellschaft beigetreten sind und von jedem Einfluss auf künftige Beitrittsverhandlungen ausgeschlossen sind *(BGH, Urteil vom 20.03.2006, Gz. II ZR 326/04)*.

3.3. Spezialgesetzliche Prospekthaftung

Für alle ab dem 01.07.2005 erschienenen Prospekte wurde durch das Gesetz zur Verbesserung des Anlegerschutzes *(AnSVG)* vom 28.10.2004 das Verkaufsprospektgesetz *(VerkProspG)* geändert und eine neue gesetzliche Prospektpflicht und Prospekthaftung auch für den „Grauen Kapitalmarkt" eingeführt. Gemäß § 13 VerkProspG gelten für die Haftung bei fehlerhaften Prospekten die §§ 44 bis 47 des Börsengesetzes *(BörsG)*, allerdings mit verschiedenen Maßgaben, entsprechend.

Eine der besonderen Maßgaben liegt darin, dass der ersatzfähige Schaden gemäß § 44 Abs. 1 BörsG nur die Übernahme der

Vermögensanlage gegen Erstattung des Erwerbspreises und der mit dem Erwerb verbundenen üblichen Kosten vorsieht, also z. B. kein entgangener Gewinn mehr erstattet wird.

Entscheidend ist, dass gemäß § 47 Abs. 2 BörsG weitergehende Ansprüche, die nach den Vorschriften des bürgerlichen Rechts aufgrund von Verträgen oder unerlaubten Handlungen erhoben werden können, unberührt bleiben, also auch Ansprüche aus Prospekthaftung im weiteren Sinne, die in der Praxis weitaus häufiger sind.

Nach ständiger Rechtsprechung des Bundesgerichtshofs ist eine fehlerhafte Prospektangabe, die sich auf Umstände bezieht, welche für die Anlageentscheidung von wesentlicher Bedeutung sind oder sein können, nach der Lebenserfahrung ursächlich für die Anlageentscheidung *(BGHZ 79, 337, 346 = WM 1981, 483)*. Diese Vermutung aufklärungsrichtigen Verhaltens des Anlegers sichert dessen Recht, in eigener Entscheidung und Abwägung des Für und Wider darüber zu befinden, ob er in ein bestimmtes Projekt investieren will oder nicht *(BGHZ 123, 106)*. Steht eine Aufklärungspflichtverletzung fest, muss daher der Aufklärungspflichtige die Vermutung entkräften und darlegen, dass der Anleger auch bei ordnungsgemäßer Aufklärung die Anlage gezeichnet hätte.

Praxistipps:

- *Sollten sich wesentliche Abweichungen zwischen den Prospektangaben und der wirtschaftlichen Entwicklung der Vermögensanlage ergeben, ist es wegen der nur kurzen Verjährungsfristen häufig geraten, umgehend Hilfe in Anspruch zu nehmen.*

- *Ob tatsächlich Prospekthaftungsansprüche bestehen, kann nur durch eine aufwendige und sorgfältige Prüfung der Pro-*

spektunterlagen durch einen auf das Bank- und Kapitalmarktrecht spezialisierten Rechtsanwalt oder andere Experten, wie z. B. einschlägig erfahrene Wirtschaftsprüfer,
festgestellt werden. Die entsprechenden Adressen erfahren Sie von den örtlichen Rechtsanwaltskammern oder der
Wirtschaftsprüferkammer.

4. Haftung wegen fehlerhafter Kapitalmarktinformationen

Praxisfall:

„Die Beklagte ist ein Kreditinstitut, das mittelständische Unternehmen finanziert. Seit dem Jahr 2001 engagierte sie sich unmittelbar und mittelbar über andere Gesellschaften auch auf dem Kapitalmarkt für strukturierte Forderungsportfolien. Dazu gehörten auch solche Finanzprodukte, die sich auf Forderungen aus dem US-Hypothekenmarkt bezogen. Seit Frühjahr 2007 häuften sich auf dem US-Hypothekenmarkt die Ausfälle der in Form von strukturierten Wertpapieren gehandelten Immobilienkredite. Mitte Juli 2007 stuften Ratingagenturen erstmals sog. Subprimes (großzügig vergebene Hypothekenkredite minderer Qualität) wegen der erhöhten Ausfallrisiken herab.“

Um die aufgekommenen Gerüchte auszuräumen und die Marktsituation zu beruhigen, veranlasste der damalige Vorstandsvorsitzende der Beklagten – in Kenntnis der oben genannten Umstände, die Herausgabe einer Pressemitteilung, in der nur eine geringe Betroffenheit der Beklagten durch US-Subprimes behauptet wurde. Im Zusammenhang damit wurde er später wegen vorsätzlicher Marktmanipulation rechtskräftig zu einer Freiheitsstrafe, deren Vollstreckung zur Bewährung ausgesetzt wurde, und zu einer Geldstrafe verurteilt." *(Quelle: Bundesgerichtshof, Mitteilung der Pressestelle Nr. 196/2011)*

Grundlegende Voraussetzungen für einen funktionierenden Kapitalmarkt sind zutreffende und zeitnahe Informationen. Werden Kapitalanleger irregeführt, verlieren sie das Vertrauen in den Kapitalmarkt. Das kann verheerende Folgen haben.

Aus verschiedenen vom Bundesgerichtshof *(BGH)* erlassenen Urteilen zu sogenannten Insiderinformationen *(§ 15 WpHG)*, die

Skandalfälle von Unternehmen des Neuen Markts, wie EM-TV, Comroad und Informatec zum Gegenstand hatten, hat sich eine Haftung von Emittenten und Organen bei fehlerhafter Kapitalmarktinformation entwickelt. Hiernach stellt § 15 WpHG zwar selbst kein Schutzgesetz im Sinne von § 823 Abs. 2 BGB dar, auf das Anleger Schadenersatzansprüche stützen können. Ein deliktischer Schadenersatzanspruch besteht aber dann, wenn zugleich eine andere Vorschrift verletzt wird, die ein Schutzgesetz darstellt. In erster Linie ist hier § 400 Abs. 1 AktG *(unrichtige Darstellung)* zu nennen, wenn die Ad-hoc-Mitteilung falsch über das wirtschaftliche Gesamtbild des Unternehmens informiert.

Die Organe der Gesellschaft – Vorstand und Aufsichtsrat – haften dem Anleger sogar persönlich, wenn sie vorsätzlich fehlerhafte Ad-hoc-Mitteilungen veröffentlichen. Die deliktische Haftung gilt nach § 31 BGB auch für das Unternehmen selbst. Dieses haftet dann dem Anleger mit.

Anspruchsberechtigt sind diejenigen Anleger, die tatsächlich gekauft oder verkauft haben oder bei denen nachweisbar ist, von dem zu einem bestimmten Zeitpunkt fest beabsichtigten Verkauf der Aktien Abstand genommen zu haben. Der Anleger trägt hierbei allerdings die volle Beweislast für die Kausalität zwischen der Pflichtverletzung und der Anlageentscheidung. Das heißt, er muss beweisen, dass die fehlerhafte Ad-hoc-Mitteilung den Ausschlag für den Kauf oder den Verkauf der Wertpapiere gegeben hat.

Was die Schadensbezifferung angeht, kann der Anleger zwischen dem Differenzschaden und der sogenannten Naturalrestitution wählen. Er kann also entweder die Differenz zwischen dem Kaufpreis der Aktie und dem Preis verlangen, der sich bei pflichtgemäßer Veröffentlichung gebildet hätte oder alternativ die Erstattung des Kaufpreises Zug um Zug gegen Übertragung der Aktie wählen.

Ergänzt wird die durch Richterrecht entwickelte Kapital-marktinformationshaftung durch die §§ 37 b WpHG und § 37 c Wertpapierhandelsgesetz (WpHG), die Schadenersatz wegen unterlassener unverzüglicher Veröffentlichung von Insiderin-formationen und Schadenersatz wegen Veröffentlichung un-wahrer Insiderinformationen vorsehen. Instruktiv ist hierzu die vorerwähnte Entscheidung des BGH vom 13.12.2011 (XI ZR 51/10 = WM 2012, 303), die eine fehlerhafte Pressemeldung der IKB AG zur Höhe ihres Subprime-Anteils in ihren eigenen Investments sowie derjenigen der mit der Bank verbundenen Zweckgesellschaften zum Gegenstand hatte und in der den klagenden Aktionären Recht gegeben wurde.

Praxistipps:

- *Krasse Fälle fehlerhafter Kapitalmarktinformation werden in der einschlägigen Wirtschaftspresse berichtet. Es lohnt sich daher, sich informiert zu halten.*

- *Ansprüche wegen falscher bzw. unterlassener Kapital-marktinformationen verjähren in einem Jahr von dem Zeit-punkt an, zu dem der Anleger von der Unrichtigkeit der In-formation Kenntnis erlangt. Ohne diese Kenntnis spätestens jedoch in drei Jahren seit der Veröffentlichung.*

- *Bei Schäden wegen fehlerhafter Kapitalmarktinformation handelt es sich um typische „Streuschäden", das heißt, der individuelle Schaden ist in der Regel überschaubar, bemer-kenswert ist aber die Vielzahl der Geschädigten. Fälle dieser Art werden von auf das Bank- und Kapitalmarktrecht spezi-alisierten Prozessfinanzierern vorfinanziert.*

5. Unerlaubte Handlung

5.1. Vorsätzlich sittenwidrige Schädigung

Praxisfall:

„Die Klägerin schloss im Jahr 2003 mit einem Vermittler einen Geschäftsbesorgungsvertrag über die Durchführung von Börsentermingeschäften. Danach fielen für die Tätigkeit des Vermittlers und einer Brokerfirma mit Sitz im US-Bundesstaat New Jersey umfangreiche Gebühren und Gewinnbeteiligungen an. Die Klägerin beantragte mittels eines ihr vom Vermittler vorgelegten Vertragsformulars bei der Brokerfirma die Einrichtung eines Einzelkontos und zahlte nach dessen Eröffnung darauf im Dezember 2003 einen Betrag von € 6.000,00 ein. In der Folgezeit tätigte der Vermittler bis zur Einstellung seiner Geschäftstätigkeit im November 2005 für die Klägerin zahlreiche Geschäfte, wobei er die Orders nebst den Provisionen in die von ihm von der Brokerfirma zur Verfügung gestellte Online-Plattform eingab, auf der die Transaktionen ohne Kontrolle der Brokerfirma vollautomatisch durchgeführt wurden. Nach der Beendigung der Geschäftsbeziehung erhielt die Klägerin im Jahr 2006 einen Betrag in Höhe von € 205,01 zurück. Die Differenz zum eingezahlten Kapital nebst Zinsen sowie vorgerichtliche Kosten machte sie gegen die US-amerikanische Brokerfirma geltend." (Quelle: Bundesgerichtshof, Mitteilung der Pressestelle Nr. 50/2010)

Der Bundesgerichtshof bejahte die deliktische Haftung der ausländischen Brokerfirma wegen Beteiligung an dem sittenwidrigen Geschäftsmodell des inländischen Terminoptionsvermittlers *(BGH, Urteil vom 09.03.2010 – XI ZR 93/09).*

Ein Verhalten ist sittenwidrig im Sinne von § 826 BGB, wenn es gegen das Anstandsgefühl aller billig und gerecht Denkenden verstößt. In diese rechtliche Beurteilung ist einzubeziehen, ob es nach seinem aus der Zusammenfassung von Inhalt, Beweggrund und Zweck zu entnehmenden Gesamtcharakter mit den guten Sitten nicht zu vereinbaren ist *(BGH, Urteil vom 20.11.2012 – I ZR 268/11)*. Ein Unterlassen verletzt die guten Sitten nur dann, wenn das geforderte Tun einem sittlichen Gebot entspricht. Hierfür reicht die Nichterfüllung einer allgemeinen Rechtspflicht, aber auch einer vertraglichen Pflicht nicht aus. Es müssen besondere Umstände hinzutreten, die das schädigende Verhalten wegen seines Zwecks oder wegen des angewandten Mittels oder mit Rücksicht auf die dabei gezeigte Gesinnung nach den Maßstäben der allgemeinen Geschäftsmoral und des als „anständig" Geltenden verwerflich machen *(BGH, WM 2010, 2256)*.

Im oben genannten Fall hat der Bundesgerichtshof entschieden *(BGH, Urteil vom 09.03.2010 – XI ZR 93/09)*, dass der Vermittler die Klägerin sittenwidrig geschädigt hat, indem er für sie Termingeschäfte ausgeführt hat, die wegen ihrer Gebührenstruktur von vornherein praktisch chancenlos gewesen sind. An diesem sittenwidrigen Geschäftsmodell des Vermittlers, das auf die Ausnutzung des Gewinnstrebens und Leichtsinns uninformierter und leichtgläubiger Geschäftspartner ausgerichtet gewesen ist, hat die geschäftserfahrene und über die hohe Missbrauchsgefahr bei der Vermittlung von Terminoptionsgeschäften unterrichtete Brokerfirma sich dadurch beteiligt, dass sie dem Vermittler über ihr automatisches Online-System den von ihr nicht kontrollierten Zugang zur New Yorker Börse ermöglicht hat. Dabei hat sie zumindest billigend in Kauf genommen, dass der Vermittler die Klägerin zu von vornherein chancenlosen Börsentermingeschäften veranlasst hat. Der Brokerfirma ist in diesem Zusammenhang weiter zum Vorwurf gemacht worden, dass sie in einem solchen Maß leichtfertig gehandelt hat, dass sie die von ihr für möglich erkannte Schädigung der Klägerin in Kauf genommen haben muss.

Die internationale Zuständigkeit deutscher Gerichte ergibt sich daraus, dass der Vermittler im Inland tätig gewesen ist und die Brokerfirma sich bedingt vorsätzlich an dessen sittenwidriger Schädigung beteiligt hat. Deutsche Gerichte sind international zuständig für Klagen gegen ausländische Broker, die Beihilfe zu einer im Inland begangenen unerlaubten Handlung leisten *(BGH, Urteil vom 09.03.2010 – XI ZR 93/09)*.

Praxistipps:

- *Auch bei hochriskanten Geschäften können Anleger erfolgreich ihr Recht durchsetzen, wenn sie Opfer einer vorsätzlich sittenwidrigen Schädigung geworden sind.*

- *Bei Finanztransaktionen mit internationalem Bezug sind deutsche Gerichte zuständig, wenn die unerlaubte Handlung, zu der der ausländische Broker Beihilfe geleistet hat, in Deutschland stattgefunden hat.*

5.2. Untreue, Betrug und Kapitalanlagebetrug

Praxisfall:

„Die Kläger verfolgen Schadenersatzansprüche aufgrund des Erwerbs von Inhaber-Teilschuldverschreibungen der W. AG, eines Wohnungsbauunternehmens, über dessen Vermögen das Insolvenzverfahren eröffnet worden ist."

Der Beklagte war Mehrheitsaktionär der W. AG und auf der Grundlage eines Gewinnabführungs- und Beherrschungsvertrages herrschender Unternehmen. Aufgrund von Einzelweisungen des Beklagten erfolgten hohe Einzelzahlungen von der W. AG an den Beklagten.

In den Jahren 1999 bis 2006 legte die W. AG verschiedene Inhaber-Teilschuldverschreibungen ohne Börsenzulassung auf. Eine solche Inhaberschuldverschreibung mit einer Laufzeit von fünf Jahren bei 6,75 Prozent Jahreszinsen wurde mit einem im Oktober 2003 veröffentlichten Verkaufsprospekt „Ein Meisterstück" beworben. Der Prospekt wies unter anderem auf einen Gewinnabführungs- und Beherrschungsvertrag mit dem Beklagten, dem Mehrheitsaktionär der W. AG sowie auf das Risiko eines Totalverlustes der Anlage im Fall der Insolvenz der Gesellschaft hin. Die finanzielle Lage des Beklagten bzw. des Konzerns wurde im Prospekt nicht dargestellt.

Die Kläger verlangen von dem Beklagten Ersatz von insgesamt € 42.500,00 jeweils Zug um Zug gegen Übertragung ihrer Rechte im Insolvenzverfahren über das Vermögen der W. AG. Sie tragen vor, im Jahr 2004 auf der Grundlage des Prospekts Inhaber-Schuldverschreibungen der W. AG erworben zu haben. *(nach BGH, Urteil vom 08.01.2013 – VI ZR 386/11)*

Ein sehr großer Teil von wirtschaftlichen Schäden bei Kapitalanlagen entsteht durch Untreue und/oder Betrug. Beides sind Straftaten, die auf Vorsatz beruhen.

Untreue *(§ 266 StGB)* ist Vertrauensbruch durch pflichtwidriges Handeln zum Nachteil Dritter. Dies kann beispielsweise darin bestehen, dass ein Initiator oder Treuhänder im Angebotsprospekt festgelegte Angaben missachtet, Gelder zweckwidrig verwendet oder anderweitig die Vermögensinteressen der Anleger schädigt – oder dies durch andere zulässt. Auch eine bewusste Bilanzfälschung erfüllt den Tatbestand der Untreue.

Unter Betrug versteht man eine absichtliche Irrtumserregung durch Vorspiegelung falscher Tatsachen oder durch Entstellung oder Unterdrückung wahrer Tatsachen, um dadurch das Vermögen von anderen zu beschädigen. Betrug kann beispielsweise auch durch Täuschung, Urkundenfälschung, Amtsmissbrauch, Korruption sowie Wegnahme oder Zerstörung von Werten anderer erfolgen.

Nach § 263 Abs. 2 StGB ist bereits der Versuch strafbar. Ein besonders schwerer Fall, der regelmäßig mit einer Freiheitsstrafe bestraft wird, liegt vor, wenn die Tat gewerbsmäßig oder als Mitglied einer Bande, also einer Gruppe von Menschen, begangen wird.

Ein derart pflichtwidriges Handeln ist von außen anfänglich meist nicht gleich erkennbar. Sofern die Verstöße nicht durch eigene Kontrollorgane entdeckt werden, kann es unter Umständen Jahre dauern, bis die Tat festgestellt wird.

§ 264 a StGB „Kapitalanlagebetrug" verlegt die Strafbarkeitsgrenze betrügerischer Kapitalmarktgeschäfte ins Vorfeld des § 263 StGB, der wegen häufiger Schwierigkeiten der Beweisführung den Schutz unerfahrener Anleger nicht ausreichend gewährleistet. Wer im Zusammenhang mit dem Vertrieb von Wertpapieren, Bezugsrechten oder von Anteilen, die eine Beteiligung an dem Ergebnis eines Unternehmens gewähren sollen, oder dem Angebot, die Einlage auf solche Anteile zu erhöhen, in Prospekten oder in Darstellungen oder Übersichten über den Vermögensstand hinsichtlich der für die Entscheidung über den Erwerb oder die Erhöhung erhebliche Umstände gegenüber einem größeren Kreis von Personen unrichtige vorteilhafte Angaben macht oder nachteilige Angaben verschweigt, wird mit Freiheitsstrafe bis zu drei Jahren oder mit Geldstrafe bestraft.

Im Praxisfall hat das OLG Frankfurt am Main die Klage gegen den Beklagten aus § 823 Abs. 2 BGB in Verbindung mit § 264 a StGB für begründet gehalten. Die Kläger seien durch den Prospekt unrichtig und unvollständig informiert worden. Die darin erteilten Risikohinweise hätten nicht genügt, weil sie das im Konzern bestehende besondere Risiko nicht in verständiger Weise offengelegt hätten, das sich aus dem Gewinnabführungs- und Beherrschungsvertrag mit dem Beklagten ergeben habe. Ein besonderes Risiko für die Rückzahlung der Anleihe habe sich daraus ergeben, dass durch den Beherrschungsvertrag der W. AG Liquidität und Vermögen habe entzogen werden können und die Rückzahlung der Anleihe von der im Prospekt nicht dargelegten Fähigkeit des Beklagten abhängen würde, die bestehenden Fehlbeträge auszugleichen. Dem zwar aufmerksamen, nicht aber fachlich gebildeten Anleger hätten die rechtlichen und wirtschaftlichen Auswirkungen des Beherrschungsvertrages nicht geläufig sein müssen.

Der Beklagte habe täterschaftlich gehandelt, denn er habe den Prospekt veranlasst, der mit seiner Kenntnis in Verkehr gebracht worden ist. Sein Vorsatz folge aus dem Wissen um den Inhalt des Prospektes. Der Schaden der Kläger liege in der Wertminderung der Rückzahlungsansprüche aufgrund der Insolvenz der W. AG. Auf die Revision des Beklagten hin hat der Bundesgerichtshof das Urteil aufgehoben und zur neuen Verhandlung und Entscheidung an das Oberlandesgericht zurückverwiesen.

Immer wieder ereignen sich spektakuläre Fälle von groß angelegten Betrugsfällen. Auch gegenwärtig häufen sich die Nachrichten über angebliche Massenschadensfälle bei Anlagen in Immobilienfonds und „gebrauchten" Lebensversicherungen. Oft verbirgt sich hinter diesen Skandalen ein sogenanntes Schneeballsystem, bei dem die Ausschüttungen der Alt-Anleger durch die Einzahlungen der neu geworbenen Anleger „finanziert" werden. Trotz zahlreicher Warnungen ist auch immer wieder von sogenannten Schenkkreisen zu hören, einem Pyramidensystem, bei dem nur die, die an der Spitze der Pyramide stehen, bedacht werden. Die größte Zahl der Teilnehmer geht aber leer aus.

Durch Veruntreuung oder Betrug geschädigte Kapitalanleger sollten sich schnellstmöglich mit einem Fachanwalt für Bank- und Kapitalmarktrecht in Verbindung setzen, um einerseits die Chancen für eine gerichtliche Schadenersatzklage zu prüfen und andererseits ggf. für eine strafrechtliche Verfolgung des Täters/der Täter zu sorgen.

6. Kick-back-Rechtsprechung

Übernehmen Banken die Beratung von Kunden über Anlage-produkte, bestehen Aufklärungspflichten der Bank über Innen-provisionen und Rückvergütungen.

Bei nachgewiesener fehlerhafter Beratung durch die Bank hat der Kunde Anspruch auf Rückabwicklung der häufig wirtschaftlich fehlgeschlagenen Verträge.

Innenprovisionen sind nicht ausgewiesene Vertriebsprovisionen, die bei einem Fonds aus dem Anlagevermögen gezahlt werden. Über sie muss nach der Rechtsprechung des Bundesgerichtshofs bei einem Fonds unter bestimmten Umständen aufgeklärt werden, weil sie Einfluss auf die Werthaltigkeit der vom Anleger erworbenen Anlage haben und deswegen bei diesem insoweit eine Fehlvorstellung herbeiführen können *(BGH, Beschluss vom 09.03.2011 – XI ZR 191/10)*.

Wenn eine Bank einen Kunden über Kapitalanlagen berät und Fondsanteile empfiehlt, bei denen sie verdeckte Rückvergütungen aus den Ausgabeaufschlägen und jährlichen Verwaltungsgebühren erhält, muss sie den Kunden über diese Rückvergütungen aufklären, damit der Kunde beurteilen kann, ob die Anlageempfehlung allein im Kundeninteresse, nach den Kriterien anleger- und objektgerechter Beratung erfolgt ist, oder im Interesse der Bank, möglichst hohe Rückvergütungen zu erhalten *(BGH, Urteil vom 19.12.2006 – XI ZR 56/05)*.

Aufklärungspflichtige Rückvergütungen sind – regelmäßig umsatzabhängige – Provisionen, die im Gegensatz zu Innenprovisionen nicht aus dem Anlagevermögen, sondern aus offen ausgewiesenen Provisionen wie z. B. Ausgabeaufschlägen und Verwaltungsvergütungen gezahlt werden, bei denen beim Anleger zwar keine Fehlvorstellung über die Werthaltigkeit der Anlage entstehen kann, deren Rückfluss an die beratende Bank aber nicht offenbart wird, sondern hinter dem Rücken des Anlegers erfolgt, sodass der Anleger das besondere Interesse der beratenden Bank an der Empfehlung gerade dieser Anlage nicht erkennen kann *(BGH, Beschluss vom 09.03.2011 – XI ZR 191/10)*.

Werden die Beträge für die Eigenkapitalbeschaffung, die Platzierungsgarantie und die Höhe der Fremdkapitalbeschaffung im Fondsprospekt dem Inhalt und der Höhe nach korrekt ausgewiesen, liegt keine Aufklärungspflichtverletzung der Bank vor *(BGH, Urteil vom 27.10.2009 – XI ZR 338/08)*.

Demgegenüber besteht keine Aufklärungspflicht der Bank über ihre eigene Gewinnspanne bei einem Verkauf von Zertifikaten im Wege des Eigengeschäfts *(§ 2 Abs. 3 Satz 2 WpHG)*. Dem steht weder die Rechtsprechung des Bundesgerichtshofs zur Offenlegung verdeckter Innenprovisionen noch diejenige zur Aufklärungsbedürftigkeit von Rückvergütungen entgegen *(BGH, Urteil vom 27.09.2011 – XI ZR 182/10 und vom 26.06.2012 – XI ZR 316/11)*.

Die beratende Bank ist aufgrund des Beratungsvertrages mit ihrem Kunden auch nicht verpflichtet, diesen darüber zu informieren, dass der Zertifikaterwerb im Wege des Eigengeschäfts der Bank erfolgt ist *(BGH, Urteil vom 27.09.2011 – XI ZR 182/10 und vom 26.06.2012 – XI ZR 316/11)*.

Liegt dem Zertifikaterwerb ein Kommissionsvertrag zwischen dem Anleger und der Bank zugrunde, so besteht keine Aufklärungspflicht der Bank über eine allein vom Emittenten des Zertifikats an sie gezahlte Vergütung, sofern es sich dabei nicht um eine Rückvergütung im Sinne der Rechtsprechungsgrundsätze handelt *(BGH, Urteil vom 26.06.2012 – XI ZR 316/11)*.

Praxistipps:

- Wird die Verletzung von Aufklärungspflichten über Innenprovisionen und/oder Rückvergütungen festgestellt, können Anleger die Rückabwicklung der Anlage abzüglich erhaltener Ausschüttungen von der Bank verlangen.

- Insbesondere beim Verkauf von Zertifikaten haben Bankhäuser in den sogenannten Flyern (Kurzprospekten) häufig nicht auf die aufklärungspflichtigen Rückvergütungen hingewiesen. Lassen Sie die den Zertifikaten zugrunde liegenden „Endgültigen Bedingungen", das sind die von den Emittenten verfassten umfangreichen Prospekte, von Experten auf entsprechende Widersprüche prüfen. Oft sind darin die Konditionen benannt, die das Bankhaus für den Vertrieb des Produktes erhält.

7. Fehlerhafte Widerrufsbelehrung

In zahlreichen Fällen haben Initiatoren von geschlossenen Immobilienfonds, Medienfonds, Schiffsfonds u. a. Kapitalanlagen in den Beitrittserklärungen zu den Fonds oder die Kreditinstitute in den Vertragsunterlagen zur anteiligen Finanzierung der Fondsbeteiligung fehlerhafte Widerrufsbelehrungen gegenüber den Anlegern verwendet, in denen es zum Beginn der Widerrufsfrist für den Verbraucher z. B. heißt: „Die Frist beginnt frühestens mit Erhalt dieser Belehrung." Diese falschen Widerrufsbelehrungen haben weitreichende Folgen für den Anleger, weil die Widerrufsfrist noch nicht zu laufen begonnen hat.

Der Bundesgerichtshof hat bereits wiederholt entschieden, dass die in einem Formular verwendete Formulierung „Die Frist beginnt frühestens mit Erhalt dieser Belehrung" deshalb fehlerhaft ist, weil sie nicht umfassend ist. Der Verbraucher wird zwar aus der Verwendung des Wortes „frühestens" schließen, dass der Beginn des Fristablaufs noch von weiteren Voraussetzungen abhängt. Er wird jedoch darüber im Unklaren gelassen, um welche Voraussetzungen es sich dabei handeln könnte *(zuletzt BGH, Urteil vom 28.06.2011 – XI ZR 349/10, WM 2011, 1799 Rn. 34 m. w. N.)*.

Folge ist, dass die jeweiligen Anleger den Darlehensvertrag noch heute, also Jahre später, wirksam widerrufen können. Der Darlehensvertrag ist nach erfolgtem Widerruf gemäß §§ 357 Abs. 1, 346 Abs. 1, 358 Abs. 2 BGB dergestalt rückabzuwickeln, dass die erbrachten Zahlungen, abzüglich erhaltener Ausschüttungen von dem Bankhaus an den Anleger rückzugewähren sind und dass im Übrigen im Rahmen der Rückabwicklung das Bankhaus an die Stelle des Fonds tritt *(§ 358 Abs. 4 Satz 2 BGB)*. Weiterhin kann sich die Bank nicht mehr auf den mit dem Kunden abgeschlossenen Darlehensvertrag berufen *(§ 358 Abs. 2 BGB)*, sodass ihr auch keinerlei Ansprüche hieraus mehr zustehen.

Weitere Rechtsfolge des wirksamen Widerrufs des Darlehens-vertrages ist gemäß § 358 Abs. 2 Satz 1 BGB, dass der Anleger auch an seine auf den Beitritt zum Fonds gerichtete Willenser-klärung nicht mehr gebunden ist. Der Beitritt zum Fonds und seine Finanzierung bilden ein verbundenes Geschäft gemäß § 358 Abs. 3 BGB. Das ergibt sich aus der engen Verzahnung des Fondsbeitritts und seiner Teilfinanzierung in der Beitrittsver-einbarung.

Der wirksame Widerruf führt wegen des Vorliegens eines ver-bundenen Geschäfts dazu, dass das Bankhaus nach § 358 Abs. 4 Satz 3 BGB im Verhältnis zu dem Anleger in die Rechte und Pflichten des Fonds aus dem verbundenen Vertrag eintritt, da das Darlehen dem Fonds bei Wirksamwerden des Widerrufs bereits zugeflossen war.

Im Ergebnis führt dies nach §§ 357 Abs. 1 Satz 1, 346 Abs. 1, 348 BGB zur Rückgewähr der eigenfinanzierten Einlage und zur Herausgabe von Zinsen als Nutzung Zug um Zug gegen Übertragung der Anteile an der Fondsgesellschaft.

Praxistipps:

- *Noch heute, viele Jahre nach Abschluss einer Vermögens-anlage, können Finanzanlagen rückabgewickelt werden, wenn die Widerrufsbelehrung fehlerhaft gewesen ist.*

- *Hat ein verbundenes Geschäft vorgelegen, führt die Rückab-wicklung dazu, dass sowohl der fremdfinanzierte Teil wie auch der aus eigenen Mitteln aufgebrachte Anteil von der finanzierenden Bank zurückzuerstatten ist.*

8. Formularmäßige Bearbeitungsgebühren bei Verbraucherkrediten

Über viele Jahre waren Klauseln in Allgemeinen Geschäftsbedingungen *(AGB)* von Banken und Sparkassen, die Bearbeitungsgebühren bei der Gewährung von Verbraucherdarlehen vorsahen, gängige Praxis. Zahlreiche Unterlassungsklagen von Verbraucherschutzverbänden haben eine Trendwende herbeigeführt. Obwohl es eine höchstrichterliche Entscheidung des BGH zu dieser Frage nicht gibt, weil die beklagte Sparkasse im letzten Moment die Revision zurückgenommen hat, ist sich die Rechtsprechung überwiegend darin einig, dass derartige Klauseln unzulässig sind *(OLG Bamberg vom 04.08.2010 (3 U 78/10), OLG Celle vom 13.10.2011 (3 W 86/11)*, OLG Dresden vom 02.12.2010 *(8 U 461/10)*, OLG Dresden vom 29.09.2011 *(8 U 562/11)*, OLG Düsseldorf vom 24.02.2011 *(I-6 U 162/10)*, OLG Frankfurt am Main vom 27.07.2011 *(17 U 59/11)*, OLG Hamm vom 11.04.2011 *(31 U 192/10)*, OLG Karlsruhe vom 03.05.2011 *(17 U 192/10)*, OLG Zweibrücken vom 21.02.2011 *(4 U 174/10)*.

Bei der Bearbeitungsgebühr handelt es sich um ein einmaliges Entgelt für die Bearbeitung eines Antrags auf Gewährung eines Privatkredits. Die dabei anfallenden Kosten sind allgemeine Geschäftskosten, deren Erstattung das Gesetz nicht vorsieht. Diese Geschäftskosten fallen durch einen Aufwand bei der Bank an, den sie im Rahmen ihrer Angebotsprüfung vor Abschluss eines Vertrages betreibt, um sich entweder für oder gegen einen Vertragsabschluss zu entscheiden oder um sich darüber im Klaren zu werden, unter welchen Konditionen sie sich für einen Vertragsschluss entscheiden will. Dieser Aufwand besteht insbesondere in einer Bonitätsprüfung des Kunden sowie der von ihm zu stellenden Sicherheiten, ggf. einer Vertragserstellung, der Auszahlungskontrolle oder der Sicherstellung der Darlehensvaluta. Da es sich hierbei weder um Hauptleistungspflichten der Bank noch um von ihr angebotene

Sonderleistungen handelt, stellt die Bearbeitungsgebühr eine sogenannte „Preisnebenabrede" dar, die der Inhaltskontrolle der §§ 307 ff. BGB unterliegt.

Die Erhebung einer solchen Gebühr durch Allgemeine Geschäftsbedingungen (AGB) ist nach § 307 Abs. 1 und Abs. 2 BGB unzulässig, da sie den Kunden unangemessen benachteiligt. Denn der der Bank durch die Bearbeitungsgebühr abzugeltende Aufwand stellt keine Dienstleistung gegenüber dem Kunden dar, sondern dient der Wahrung der eigenen Interessen der Bank. Diese möchte mit dem zu Vertragsbeginn zu tätigenden Aufwand prüfen, ob sie mit dem Kunden in eine Vertragsbeziehung treten will. Insbesondere ist nicht ersichtlich, dass die üblicherweise durchgeführte Prüfung der Bonität und Sicherheiten des Kunden in dessen Interesse durchgeführt wird und damit eine Leistung an ihn darstellt.

Kunden können zu viel gezahlte Bearbeitungsentgelte bei Verbraucherdarlehensverträgen innerhalb einer Frist von drei Jahren von dem Kreditinstitut zurückfordern. Die Dreijahresfrist beginnt am Ende des Jahres, in dem der Verbraucherkredit abgeschlossen und die Bearbeitungsgebühr gezahlt wurde.

Nach Pressemitteilungen haben 33 Prozent aller an die Ombudsstellen der Finanzbranche gerichteten Schlichtungsverfahren solche Bearbeitungsentgelte bei Darlehensverträgen zum Gegenstand.

Praxistipps:

- *Prüfen Sie, ob Ihre Darlehensverträge unzulässige Bearbeitungsentgelte enthalten und fordern Sie Ihre Bank unter Nennung der obigen Entscheidungen zur Rückzahlung auf.*

- *Was weitere Klauseln betrifft, lassen Sie diese entweder von der Verbraucherzentrale oder von einem auf das Bank- und Kapitalmarktrecht spezialisierten Fachanwalt überprüfen.*

9. Rückforderung gewinnunabhängiger Ausschüttungen

In Zeiten wirtschaftlicher Flauten kommt es immer wieder vor, dass Fondsgesellschaften gewinnunabhängige Ausschüttungen, die sie an ihre Kommanditgesellschaften geleistet haben, von ihren Anlegern zurückfordern. Gerade derzeit ist dies bei notleidend gewordenen Schiffsfonds gängige Praxis.

Dem hat der Bundesgerichtshof (BGH) mit zwei aktuellen Entscheidungen vom 12.03.2013 aber einen Riegel vorgeschoben (II ZR 73/11 und II ZR 74/11). In den Gesellschaftsverträgen der streitgegenständlichen Fonds war bestimmt, dass die Gesellschaft unabhängig von einem im Jahresabschluss ausgewiesenen Gewinn oder Verlust für den Fall, dass die Liquiditätslage dies zulässt, Beträge an die Gesellschafter ausschüttet, die auf „Darlehenskonto" gebucht werden. An die Anleger wurden in der Folge gewinnunabhängige Ausschüttungen gezahlt. Nachdem die Fonds in wirtschaftliche Schwierigkeiten geraten waren, beschlossen die Gesellschafterversammlungen im Rahmen eines Restrukturierungsprozesses die Rückforderung der an die Kommanditisten ausgezahlten Beträge. Dies hat der Bundesgerichtshof abgelehnt. Allein der Umstand, dass die Beträge nach dem Gesellschaftsvertrag unabhängig von einem erwirtschafteten Gewinn ausgeschüttet wurden, lässt einen Rückzahlungsanspruch nicht entstehen. Soweit in den Ausschüttungen eine Rückzahlung der Kommanditeinlage zu sehen ist und damit die Einlage insoweit gemäß § 172 Abs. 4 HGB den Gläubigern gegenüber als nicht geleistet gilt, betrifft dies nur die Außenhaftung des Kommanditisten. Ein Rückzahlungsanspruch des Fonds besteht nicht automatisch, sondern nur dann, wenn eine entsprechende vertragliche Abrede zwischen dem Fonds und dem Kommanditisten besteht (Quelle: Bundesgerichtshof, Mitteilung der Pressestelle Nr. 39/2013).

Praxistipps:

- Sollte die Fondsgesellschaft von Ihnen die Rückzahlung zu viel gezahlter Ausschüttungen verlangen, treten Sie dem mit Hinweis auf die beiden Entscheidungen des BGH entgegen.

- Hinweis: Sollte die Fondsgesellschaft in die Insolvenz gehen, kann die Haftung gegenüber Gläubigern nach § 172 Abs. 4 HGB allerdings wieder aufleben. Hiervor schützen die vorgenannten Entscheidungen nicht.

C. PROZESSUALES – „RECHT HABEN UND RECHT BEKOMMEN"

1. Sammelklagen nach dem Kapitalanlegermuster-verfahrensgesetz

Anders als z. B. in den USA gibt es sogenannte Sammelklagen, bei denen sich eine Vielzahl von geschädigten Personen wegen vergleichbarer Ansprüche gegen einen oder mehrere gemeinsame Schädiger zusammentun, in Deutschland nicht. Das Fehlen einer vergleichbar günstigen Prozessführungsmöglichkeit wird häufig bedauert. Vor dem Hintergrund des sogenannten Telekom-Prozesses mit mehr als ca. 16.000 Klägern hat der deutsche Gesetzgeber im August 2005 als Reaktion auf solche „Streuschäden" das Gesetz über Musterverfahren in kapitalmarktrechtlichen Streitigkeiten *(KapMuG)* erlassen, das voraussichtlich noch bis zum 01.11.2020 gelten soll.

Das KapMuG soll geschädigten Anlegern die Durchsetzung von Schadenersatzansprüchen erleichtern, indem es Musterverfahren z. B. wegen Prospektfehlern, falscher oder unterlassener Kapitalmarktinformationen, etwa in Jahresberichten, Jahresabschlüssen, Lageberichten, Konzernabschlüssen, Konzernlageberichten usw., zulässt. Voraussetzung ist im Wesentlichen, dass mindestens zehn individuelle Schadenersatzprozesse geführt werden. Im Musterverfahren können Tatsachen- und auch Rechtsfragen durch das nach dem jeweiligen Landesrecht zuständigen Oberlandesgericht *(OLG)* entschieden werden. Gegen die Entscheidung des Oberlandesgerichts ist die Rechtsbeschwerde beim Bundesgerichtshof *(BGH)* zulässig. Die Sache hat stets grundsätzliche Bedeutung *(§ 15 KapMuG)*.

Außerhalb des Anwendungsbereiches des KapMuG muss der jeweils geschädigte Anleger, bis auf die in der Regel nicht relevante Ausnahme der möglichen Streitgenossenschaft auf Klägerseite *(§§ 59 ff. ZPO)*, den Schadenersatzprozess jeweils individuell führen. Hierbei hat er insbesondere die umfangreichen Fragen der Beweislast zu beachten und muss er prüfen, ob eventuelle Schadenersatzansprüche verjährt sind oder ob die Verjährung in Kürze eintritt.

2. Beweislast

In einem Zivilprozess trägt der Kläger grundsätzlich die Darlegungs- und Beweislast für die von ihm behaupteten Anspruchsvoraussetzungen. Hierbei genügt der Kläger seiner Darlegungslast, wenn er Tatsachen vorträgt, die in Verbindung mit einem Rechtssatz geeignet sind, das geltend gemachte Recht als in seiner Person entstanden erscheinen zu lassen. Das Gericht muss anhand des Parteivortrags beurteilen können, ob die gesetzlichen Voraussetzungen der an eine Behauptung geknüpften Rechtsfolgen erfüllt sind. Genügt das Vorbringen diesen Anforderungen an die Substantiierung, kann der Vortrag weiterer Einzeltatsachen, die etwa den Zeitpunkt und den Vorgang bestimmter Ereignisse betreffen, nicht verlangt werden; es ist dann Sache des Tatrichters, bei der Beweisaufnahme die von dem Kläger benannten Zeugen nach Einzelheiten zu befragen, die ihm für die Zuverlässigkeit der Bekundungen erforderlich erscheinen *(BGH, Beschlüsse vom 11.05.2010 – VIII ZR 212/07, NJW-RR 2010, 1217, 1218 f.)*. Das Gericht darf keine überspannten Anforderungen an die Darlegung stellen.

Der klageführende Anleger ist – insbesondere nach Ablauf längerer Zeit – nicht gehalten, die genauen Formulierungen darzustellen, die der beklagte Anlageberater oder Anlagevermittler beim Anlageberatungsgespräch gewählt hat. Es genügt vielmehr, wenn er die behaupteten Angaben und Versäumnisse des Beraters oder Vermittlers in ihrem inhaltlichen Kerngehalt wiedergibt *(BGH, Urteil vom 06.12.2012 – III ZR 66/12)*. Für die Schlüssigkeit seiner Schadenersatzklage muss der Anleger darlegen, dass und in welcher Weise gerade der von ihm verklagte Anlageberater oder Anlagevermittler fehlerhaft beraten oder falsche oder ungenügende Auskunft gegeben hat.

Verwendet der Anlageberater bzw. der Anlagevermittler einen Prospekt bei der Beratung, der einen Fehler enthält, muss dieser darlegen und beweisen, dass er den Fehler im Beratungsgespräch richtiggestellt hat *(BGH, Beschluss vom 17.09.2009 – XI ZR 264/08)*.

Die Darlegungs- und Beweislast dafür, dass der Anleger den Verkaufsprospekt nicht rechtzeitig vor der Zeichnung erhalten hat, trägt demgegenüber der Anleger *(Senatsurteile vom 11.05.2006 – III ZR 205/05, NJW-RR 2006, 1345, 1346 und vom 19.11.2009 – III ZR 169/08)*. Dabei steht einer Beweisaufnahme zur (rechtzeitigen) Prospektübergabe die Unterzeichnung der „Empfangsbestätigung" im Zeichnungsschein *(„Ist mir heute ausgehändigt worden")* durch den Kläger nicht entgegen. Diese „Empfangsbestätigung" besagt zum einen nichts Näheres über eine rechtzeitig vor der Unterzeichnung erfolgte Prospektübergabe und nimmt dem Anleger zum anderen auch nicht die Möglichkeit, Gegenteiliges nachzuweisen *(BGH, Urteil vom 06.12.2012 – III ZR 66/12 Rn. 17)*.

3. Schaden

Kann er eine schuldhafte Verletzung der Beratungspflichten nachweisen, haftet ihm die Bank oder der sonstige Schädiger nach § 280 BGB für den Schaden, für den die Pflichtverletzung ursächlich geworden ist. Der Anleger kann von dem Schädiger nach § 249 BGB *(Naturalrestitution)* verlangen, so gestellt zu werden, als hätte er sich nicht an dem Anlagemodell beteiligt *(BGH, NJW 2004, 1868; BGH NJW 1992, 1223; BGH, NJW 2000, 2503)*. Grundsätzlich kann der Anleger in einem Zivilprozess auch den entgangenen Gewinn *(§ 252 BGB)* geltend machen, der ihm z. B. dadurch entstanden ist, dass er durch schuldhaft unrichtige Angaben dazu bewogen worden ist, etwa einer Publikumsgesellschaft beizutreten. Eine Vermutung für eine bestimmte Verzinsung gibt es aber nicht. Der Anleger wird daher im Einzelfall darzulegen und ggf. zu beweisen haben, welche Alternativanlage er statt der empfohlenen gewählt hätte. In der Praxis ist es immer sehr zweifelhaft, wenn z. B. ein spekulativer Anleger bei richtiger Aufklärung Bundesschatzbriefe gekauft haben will.

Etwa erzielte Steuervorteile sind im Verhältnis zu dem Prozessgegner grundsätzlich nicht schadensmindernd anzurechnen. Da eine exakte Errechnung von Steuervorteilen unter Gegenüberstellung der tatsächlichen mit einer hypothetischen Vermögenslage angesichts der vielfältigen Besonderheiten und Möglichkeiten der konkreten Besteuerung und ihrer unterschiedlichen Entwicklung in verschiedenen Besteuerungszeiträumen häufig unverhältnismäßigen Aufwand erfordert, ist eine nähere Berechnung nur dann erforderlich, wenn Anhaltspunkte dafür bestehen, dass der Geschädigte „außergewöhnliche Steuervorteile" erzielt hat; ansonsten kann wegen der zukünftigen Besteuerung der Ersatzleistung gemäß § 287 ZPO auf eine Anrechnung der Steuervorteile im Wege des sogenannten Vorteilsausgleichs verzichtet werden *(z. B. BGH, Urteil vom 17.11.2005, Gz. III ZR 350/04)*.

Etwas anderes gilt nur dann, wenn der Schädiger Umstände darlegt, auf deren Grundlage dem Geschädigten auch unter Berücksichtigung der Steuerbarkeit der Ersatzleistung außergewöhnlich hohe Steuervorteile verbleiben oder er sogar Verlustzuweisungen erhalten hat, die über seine Einlageleistung hinausgehen *(BGH, Urteil vom 15.07.2010, III ZR 336/08, Rn. 55 und BGH, Urteil vom 01.03.2011, XI ZR 96/09, Rz. 9).*

Nach dem Urteil des BGH vom 31.05.2010, II ZR 30/09, Rz. 25, begründet die Absenkung des Einkommensteuerspitzensatzes von 53 Prozent im Jahr der Zeichnung auf 45 Prozent zum Zeitpunkt des Schadenersatzverlangens für sich allein genommen keine hinreichenden Anhaltspunkte für solche außergewöhnlichen, dem geschädigten Anleger verbleibenden Steuervorteile.

Im Falle der Rückabwicklung bzw. der Übertragung eines Mitunternehmeranteils auf die vermittelnde Bank liegt kein rückwirkendes Ereignis im Sinne des § 175 Abs. 1 Satz 1 Nr. 2 AO vor, die Rückabwicklung ist vielmehr dem steuerlichen Rückwirkungsverbot unterworfen. Zum Zeitpunkt der zivilrechtlichen Rückabwicklung veräußert der Anleger seinen Mitunternehmeranteil an die übernehmende Bank und verwirklicht damit einen Tatbestand des § 16 Abs. 1 Satz 1 Nr. 2 EStG. Der hierbei erzielte Veräußerungsgewinn errechnet sich nach § 16 Abs. 2 Satz 1 EStG auf der Grundlage des gesamten von der Bank gewährten Schadenersatzes als Veräußerungspreis. Mit anderen Worten: Die Ersatzleistung ist der aktuellen Besteuerung unterworfen.

4. Verjährung

Die Beantwortung der Frage, ob etwaige Schadenersatzansprüche verjährt sind oder noch erfolgreich eingeklagt werden können, setzt jeweils eine sorgfältige Prüfung voraus. Die Rechtslage ist alles andere als eindeutig.

4.1. § 37 a WpHG a. F. Verjährung von Ersatzansprüchen

Für Erwerbsvorgänge, die sich zwischen dem 01.04.1998 bis zum 04.08.2009 abgespielt haben, gilt die kenntnisunabhängige Verjährung des § 37 a WpHG a. F. Unter diese Norm fällt der Anspruch des Kunden gegen ein Wertpapierdienstleistungsunternehmen auf Schadenersatz wegen Verletzung der Pflicht zur Information und wegen fehlerhafter Beratung im Zusammenhang mit einer Wertpapierdienstleistung oder Wertpapiernebendienstleistung. Diese insbesondere für Banken günstige Verjährungsregelung ist zwischenzeitlich abgeschafft worden *(§ 43 WpHG)*. Auf sie konnten sich nur Wertpapierdienstleistungsunternehmen berufen, die über eine Erlaubnis nach § 32 KWG verfügen. Ab dem 04.08.2009 gelten auch für Banken die Bestimmungen des Bürgerlichen Gesetzbuches *(§§ 195, 199 BGB)*.

Für § 37 a WpHG a. F. gilt, dass der auf Verletzung einer Aufklärungs- oder Beratungspflicht eines Wertpapierdienstleistungsunternehmens beruhende Schadenersatzanspruch bereits schon im Zeitpunkt des Erwerbs der pflichtwidrig empfohlenen Wertpapiere entsteht, das heißt, die dreijährige Verjährungsfrist taggenau zu laufen beginnt.

Nicht unter die kurze Verjährung des § 37 a WpHG a. F. fallen allerdings Schadenersatzansprüche aus vorsätzlichen Beratungspflichtverletzungen. Für diese greift die Regelverjährung für deliktische Ansprüche *(BGH, Urteil vom 08.03.2005,*

Gz. XI ZR 170/04). Die Darlegungs- und Beweislast dafür, dass die Bank nicht vorsätzlich gehandelt hat, trägt die Bank *(BGH, Urteil vom 12.05.2009 – XI ZR 586/07).*

4.2. Kenntnisabhängige Verjährung, §§ 195, 199 BGB

Bis zum 31.12.2001 galt die Regelverjährung des § 195 BGB a. F. Diese betrug 30 Jahre. Seit dem 01.01.2002 stellt sich die Rechtslage so dar, dass eine Regelverjährung von drei Jahren ab Ende des Jahres der Anspruchsentstehung und Kenntnis bzw. grob fahrlässigen Unkenntnis von Schaden und Schädiger *(§§ 195, 199 BGB n. F.)* gilt. Die maximale Verjährungsfrist – auch ohne Kenntnis – beträgt zehn Jahre nach der Anspruchsentstehung. Diese Frist wird taggenau berechnet.

Im Kapitalanlagerecht beginnt die Verjährung mit der Anspruchsentstehung, das ist der Erwerb der Kapitalanlage, und der Kenntnis bzw. grob fahrlässigen Unkenntnis. Liegen mehrere Aufklärungs- oder Beratungsfehler vor, ist jede Pflichtverletzung verjährungsrechtlich selbstständig zu betrachten. Das kann zu gestaffelten Verjährungsabläufen führen *(BGH, Urteil vom 09.11.2007 – V ZR 25/07 = WM 2008, 89).*

Besonders schwierig zu entscheiden ist, wann ein Fall der grob fahrlässigen Unkenntnis vorliegt. Fest steht nur: Allein der Umstand, dass der Anlageinteressent den ihm überlassenen Emissionsprospekt nicht durchgelesen hat, genügt noch nicht, um die grob fahrlässige Unkenntnis von einem Auskunfts- oder Beratungsfehler zu begründen. Fiele dem Anleger bereits schon die unterbliebene Lektüre des Anlageprospekts als grob fahrlässige Unkenntnis im Sinne von § 199 Abs. 1 Nr. 2 BGB zur Last, so wäre sein Schadenersatzanspruch häufig schon verjährt, bevor sich die Risiken oder Nachteile der Kapitalanlage für ihn „bemerkbar" machen und er sich daher veranlasst sieht, die Richtigkeit der ihm von einem Anlageberater oder

-vermittler gegebenen Empfehlungen und Auskünfte zu hinterfragen *(BGH, Urteil vom 08.07.2010, Gz. III ZR 249/09)*.

4.3. Verjährung von Prospekthaftungsansprüchen

Für die zivilrechtliche Prospekthaftung im engeren Sinne galt in Anlehnung an die Regelungen des KAGG eine Verjährung von sechs Monaten ab Kenntnis vom Prospektmangel, maximal aber drei Jahre ab Erwerb der Kapitalanlage.

Seit dem 01.07.2002 verjähren auch Ansprüche aus zivilrechtlicher Prospekthaftung im engeren Sinne in einem Jahr ab Kenntnis des Prospektmangels, spätestens aber drei Jahre nach Abschluss des Beitrittsvertrages.

Prospekthaftungsansprüche gegen Hintermänner als Hauptverantwortliche gemäß Börsengesetz *(BörsG)* gelten kenntnisunabhängig nach drei Jahren nur noch für vorsätzliche unerlaubte Handlungen. Treuhänder und Mittelverwendungskontrolleure haften dagegen nach BGB voll bis zu 10 Jahren gemäß § 199 Abs. 3 Nr. 1 BGB.

4.4. Verjährung bei falscher oder unterlassener Kapitalmarktinformation

Schadenersatzansprüche wegen falscher bzw. unterlassener Kapitalmarktinformation verjähren in einem Jahr von dem Zeitpunkt an, zu dem der Anleger von der Unterlassung der Information bzw. in einem Jahr von dem Zeitpunkt an, zu dem der Anleger von der Unrichtigkeit der Information Kenntnis erlangt. Ohne Kenntnis dieser Tatsachen verjähren sie spätestens drei Jahre nach der Unterlassung bzw. spätestens in drei Jahren seit der Veröffentlichung *(§§ 37 b Abs. 4, § 37 c Abs. 4 WpHG)*.

5. Anwalts- und Gerichtskosten

Damit Sie einen Überblick über die mit einem Gerichtsverfahren verbundenen Rechtsanwaltsgebühren und Gerichtskosten erhalten, verweisen wir auf die im Internet verfügbaren „Prozesskostenrechner". Wir haben an dieser Stelle vom Abdruck der umfangreichen Tabellen aus dem Rechtsanwaltsvergütungsgesetz *(RVG)* und dem Gerichtskostengesetz *(GKG)* abgesehen. Das RVG ist für die Honorare der Rechtsanwälte einschlägig. Welche Gerichtskosten im konkreten Fall entstehen, ist im GKG geregelt.

Wichtig zu wissen ist, dass im Obsiegensfall sämtliche Kosten, das sind die eigenen Rechtsanwaltskosten, die Gerichtskosten und die Kosten für Zeugen und Sachverständige, von der unterlegenen Partei zu tragen sind. Im Berufungsverfahren vor dem Landgericht oder dem Oberlandesgericht – je nachdem, gegen welches Urteil ein Rechtsmittel einzulegen ist –, erhöhen sich die Kosten gegenüber der ersten Instanz um ca. 30 Prozent. Die Kosten im Revisionsverfahren vor dem Bundesgerichtshof liegen um ca. 60 Prozent über den Kosten im Verfahren erster Instanz. Bei dem Bundesgerichtshof können Sie sich in Zivilsachen ausschließlich durch dort zugelassene Rechtsanwälte vertreten lassen.

6. Wichtige Adressen

6.1. Kundenbeschwerdestellen der Banken

Private Banken

Bundesverband deutscher Banken
Kundenbeschwerdestelle
Postfach 04 03 07, 10062 Berlin

Öffentliche Banken

Bundesverband Öffentlicher Banken Deutschlands
Kundenbeschwerdestelle
Postfach 11 02 72, 10832 Berlin

Genossenschaftliche Banken

Bundesverband der Deutschen Volksbanken
und Raiffeisenbanken
Kundenbeschwerdestelle
Postfach 30 92 63, 10760 Berlin

Landesbausparkassen

Schlichtungsstelle der LBS
Postfach 74 48, 48040 Münster

Private Bausparkassen

Ombudsfrau der privaten Bausparkassen
Postfach 30 30 79, 10730 Berlin

Streitschlichter bei Sparkassen

Die Streitigkeiten mit Sparkassen schlichtet die zentrale Stelle beim Deutschen Sparkassen- und Giroverband. Zuständig ist diese Stelle für die folgenden Institute:

- Sparkassen in Bayern,

- Sparkassen in Brandenburg,

- Sparkassen in Mecklenburg-Vorpommern,

- Sparkassen in Sachsen,

- Sparkassen in Sachsen-Anhalt sowie die

- Sparkasse Bremen,

- Sparkasse Bremerhaven,

- Hamburger Sparkasse und

- Landesbank Berlin einschließlich ihrer Niederlassung Berliner Sparkasse.

Deutscher Sparkassen- und Giroverband
Schlichtungsstelle
Charlottenstraße 47, 10117 Berlin

Die nachstehenden Bundesländer unterhalten eigene
Schlichtungsstellen:

Baden-Württemberg

Geschäftsstelle der Schlichtungsstelle des Sparkassenver-
bandes Baden-Württemberg
Am Hauptbahnhof 2
70173 Stuttgart

Hessen und Thüringen

Sparkassen- und Giroverband Hessen-Thüringen
Schlichtungsstelle
Bonifaciusstraße 15, 99084 Erfurt

Niedersachsen

Sparkassenverband Niedersachsen
Schlichtungsstelle
Schiffgraben 6–8, 30159 Hannover

Rheinischer Sparkassen- und Giroverband

Kundenbeschwerdestelle beim Rheinischen Sparkassen- und
Giroverband
Kirchfeldstraße 60, 40217 Düsseldorf

Sparkassenverband Westfalen-Lippe

Sparkassenverband Westfalen-Lippe
Schlichtungsstelle
Postfach 86 69, 48046 Münster

Rheinland-Pfalz

Sparkassenverband Rheinland-Pfalz
Im Wald 1, 55257 Budenheim

Schleswig-Holstein

Schlichtungsstelle des Sparkassen- und Giroverbandes
für Schleswig-Holstein
Faluner Weg 6, 24109 Kiel

6.2. Prozessfinanzierer

- Acivo Prozessfinanzierung AG
  www.acivo.de

- ADVO Prozessfinanz AG
  www.advo-prozessfinanz.com

- ECR
  www.copyright-research.net

- ExActor AG
  www.exactor.de

- FORIS AG
  www.foris.de

- INTRACT GmbH
  www.intract.de

- Jurafinance
  www.jurafinance.de

- LEGIAL AG
  www.legial.de

- PatForce
  www.patforce.com

- Proxx AG
  www.proxx.de

- Rixalis Prozessfinanzierung UG
  www.rixalis.de

- Roland Prozessfinanz AG
  www.roland-prozessfinanz.de

- SLB Verwaltungsgesellschaft mbH
  www.slb-prozessfinanz.de

- SOLVANTIS AG
  www.solvantis.de

Hinweis: Diese Tabelle erhebt keinen Anspruch auf Vollständigkeit und Richtigkeit. Die Auflistung ist mit keinerlei Empfehlung oder Bewertung verbunden.

7. Nachwort

Ausschlaggebend für die Erstellung dieses Leitfadens war die Frustration und die Hilflosigkeit einer Vielzahl von Anlegern, die mit der Entwicklung ihrer Beteiligung bzw. ihrer Finanzprodukte unzufrieden waren und die Frage, welche Möglichkeiten es gibt, nicht auf dem Schaden sitzen zu bleiben.

Wie wir erfuhren, werden betroffene Anleger mit Schreiben von sogenannten Anlegerschutzanwälten, Interessengemeinschaften oder Vereinen, die den Anlegerschutz im Namen tragen, geradezu bombardiert. Sie alle erwecken den Eindruck, dass eine Rückabwicklung der Beteiligung bzw. die Geltendmachung von Schadenersatz aussichtsreich sei. Diese Flut von solchen Schreiben hat die Verunsicherung der Betroffenen oftmals verstärkt.

Die Erfahrung der letzten Jahre hat gezeigt, dass alle diese selbst ernannten Anlegerschützer vor allem Erfolge in der Mandantenakquise, nicht jedoch in der Sache verbuchen konnten. Problematisch dabei ist, dass diese Anwälte bei einer Vielzahl von Anlegern erhebliche Honorare generieren können und zwar völlig unabhängig vom Ausgang. Die Geltendmachung von Schadenersatzansprüchen ist komplex. Insbesondere die erfolgreiche Durchsetzung gegen einen bonitätsstarken Verfahrensgegner. Die Fonds, bei denen Fehler offensichtlich sind, sind häufig dubios und die Hintermänner möglicherweise schon insolvent oder verschwunden. Das sind Fälle für den Staatsanwalt. Eigenes Geld sollte man für die Durchsetzung von Schadenersatz hier nicht mehr in die Hand nehmen. In vielen anderen Fällen, aktuell vor allem im Bereich der Schiffsfonds, kann man den Beteiligten wenig Vorwürfe machen. Die Prospekte sind von Profis gemacht worden und die Fonds sind vielfach Opfer des Marktes geworden. Dennoch gibt es auch hier Ansatzpunkte, die ein Vorgehen rechtfertigen können.